Mike Hager

# MIKES MINDSET MINUTEN

77,5 Erfolgsgesetze für dein geiles Leben



FBV

# INHALT

# Willkommen

## BEI MIKES MINDSET MINUTEN!

Das Leben ist zu kurz für langweilige Bücher! Deswegen habe ich ein kurzweiliges geschrieben. Dieses Buch ist ideal für dich, wenn du Erfolgsimpulse für zwischendurch suchst: stark wie ein guter Espresso, wirksam wie ein kurzes Powertraining oder ein Powernap, je nach deinem momentanen Zustand. *Mikes Mindset Minuten* präsentiert die Leitsätze und Erfolgsgeheimnisse, die mir in den letzten 20 Jahren geholfen haben, ein glückliches, gesundes und erfolgreiches, finanziell freies Leben zu führen. Ich habe also meine allerwichtigsten Lebenssätze für dich zusammengestellt. Manche habe ich selbst entdeckt oder formuliert, andere von befreundeten oder mir nicht persönlich bekannten Mentoren gelernt und wiederum andere bei Erfolgsgurus in aller Welt gefunden. Manche werden neu für dich sein, andere kennst du vielleicht schon. Nur: Kennen allein reicht nicht. Du darfst auch handeln. Es ist schön, wenn du dir ein Kochbuch mit »Schlankmacher-Rezepten« zulegst. Aber erst, wenn du danach kochst, kommt dein schlankes Ich wieder zum Vorschein.

Meine Mindset Minuten sind kurze Impulse für zwischendurch: für die tägliche Fahrt mit der U-Bahn, als Frühstückslektüre (selbst, wenn du nur kurz einen Kaffee trinkst) oder als tägliche Abendroutine, um mehr Erfolg in dein Leben zu ziehen. Du findest zwei handliche Seiten zu jedem Satz. Das schaffen selbst Lesemuffel. Es lohnt sich – versprochen!

Dein Mike

PS: Dieses Buch ist eine stark erweiterte Ausgabe von *Mikes Mindset Minuten. 39,5 Erfolgsgesetze für dein geiles Leben* (Februar 2021). Der große Erfolg dieses Bändchens, das im Eigenverlag erschien, war der Anlass für eine Neuausgabe mit nunmehr stolzen 77,5 Erfolgsgesetzen.

# ERFOLG:

## SEI ANGENEHM ANDERS

Die allermeisten Menschen wünschen sich Erfolg. Und fast genauso viele hoffen, dass er ihnen eines Tages in den Schoß fällt wie ein überreifer Pfirsich. Leider wohnen die wenigsten von uns direkt in einer Pfirsichplantage.

»Erfolg« definiert jeder für sich ein wenig anders. Für manche ist es die berufliche Karriere, für andere das erfolgreiche Engagement für ein ideelles Ziel. Wieder andere streben nach einer großen glücklichen Familie, für die sie viel Zeit haben, nach einem Haus im Grünen oder nach einem »standesgemäßen« Leben. Was ist »Erfolg« für dich? Was ist deine Definition von Erfolg? Wer fällt dir ein, wenn du an einen »erfolgreichen Menschen« denkst? Allen Erfolgswünschen gemeinsam ist: Man muss etwas tun, um Erfolg zu haben. Es braucht Selbstbewusstsein. Und vor allem braucht es Verbündete und Unterstützer. Darum drehen sich die folgenden Leitsätze. Viel Spaß beim Lesen – und vor allem beim Umsetzen!

Die
5A
Regel

Ein guter Freund von mir hat eine steile Karriere in einem großen Unternehmen gemacht. Alles begann mit einem Putzmann, der in der Eingangshalle gegen einen offenen Karton auf der Empfangstheke stieß. Darin befand sich ein Kugelschreiber-Vorrat, ausreichend fürs nächste Jahrhundert. Unzählige Schreiber verteilten sich klirrend auf den Fliesen, und das frühmorgens zu Arbeitsbeginn. Während viele Kollegen achtlos vorbeigingen, zog mein Freund sein Sakko aus, krempelte die Ärmel hoch und half beim Aufsammeln. Auch Chefs liefen natürlich vorbei und registrierten, was er da tat. Das merkten sie sich offenbar: Der packt mit an! Mein Freund legte einen Aufstieg in dieser Firma hin, von dem er aufgrund seiner Vorkenntnisse nur träumen konnte, wie er mal sagte. Er startete durch, denn er war angenehm anders als alle anderen. Und das nicht nur in Sachen Hilfsbereitschaft. Eine der wichtigsten Regeln für deinen Lebenserfolg ist deshalb die 5-A-Regel: Sei immer angenehm anders als alle anderen.

Dazu noch eine Geschichte aus meiner Zeit bei Antenne Bayern. Als ich beim Sender anfing, war ich der Youngster, der für kleines Geld arbeitet, und auf der internen Hühnerleiter gerade eine Sprosse überm Praktikanten. Trotzdem war ich der, der immer, wenn jemand sagte, »Es gibt Arbeit«, sofort »Hier!« gerufen hat. Und wenn es keine Arbeit gab, habe ich selbst nach Arbeit gefragt. Ich war der, der am Abend länger dageblieben ist, um Kollegen noch etwas abzunehmen. Der, der morgens früher kam, um schon mal Aufgaben zu erledigen, die den anderen später helfen würden. Ich war einfach angenehm anders als alle anderen, denn die anderen, die neu waren, machten das nicht so.

Angenehm anders als alle anderen – wenn du diese Regel in dein Leben holst und immer versuchst, sie zu beachten, wird dein Leben garantiert sehr erfolgreich verlaufen. Du wirst z. B. erfolgreicher sein im Umgang mit dem anderen Geschlecht, weil du der bist, der auf eine angenehme Art und Weise heraussticht aus der Masse. Du bist der, der auffällt. Mach dir deshalb Gedanken darüber, bei jeder Gelegenheit und vor allem dort, wo du weiterkommen möchtest: Wie kann ich angenehm auffallen? Kann ich angenehm anders angezogen sein? Kann ich im Umgang angenehm anders sein, z. B. höflicher? Du könntest sogar einen Knigge-Kurs belegen, um ganz sicher zu gehen. Oder wie kannst du auf der Arbeit zeigen, dass du angenehm anders bist – engagierter, kollegialer?

Wenn es eine Lebensregel gibt, die du für jeden Bereich deines Lebens abklopfen solltest, dann diese. Wo kannst du es schaffen, angenehm anders zu sein? Und wo bist du vielleicht schon angenehm anders und verstärkst es einfach noch? Setz dich am besten hin und schreib deine Ideen dazu auf – z. B. für die Bereiche Beruf, Beziehung, Familie, Geld, Lebensglück. Jetzt gleich, spätestens aber innerhalb von 72 Stunden. Die »72-Stunden-Regel« besagt, dass du alles, was du umsetzen möchtest, innerhalb dieser Zeitspanne zumindest beginnen solltest. Danach steigt das Risiko, dass du das Thema gar nicht anpackst. Also, los geht's! Wo kannst du die 5-A-Regel umsetzen und Positives für dich daraus ziehen, um so ein erfolgreicheres Leben zu führen? Wenn mich jemand fragt, wie ich dahin gekommen bin, wo ich in vielen Bereichen heute stehe, ist meine Antwort: Weil ich immer versucht habe, angenehm anders zu sein als alle anderen.

PS: Ganz wichtig ist das erste A. Angenehm anders, nicht unangenehm anders. Das zweite A ist einfach. Du musst nur der auf der Weihnachtsfeier sein, der stockbesoffen ist und am Schluss den Chef beschimpft. Dann bist du auch »anders als alle anderen«. Nur steht da ein U vorne – unangenehm anders als alle anderen. »Uaaaah« sozusagen. 😊

Gewinner
hoffen nicht,
Gewinner
wissen

Gewinner sind für mich Menschen, die etwas erreichen in ihrem Leben. Die wirklich was reißen. Diese Menschen *hoffen* nicht. Diese Menschen *wissen*. Wie oft hab' ich es schon erlebt in Gesprächen oder auch in der Beratung, dass der andere sagt: »Ja, ich hoffe, das Gespräch mit dem Chef klappt gut.« »Ich hoffe, ich kann den Kunden überzeugen.« »Ich hoffe, meine Investments hauen hin.« »Ich hoffe, ich kann die Frau kennenlernen.« Gewinner hoffen nicht, Gewinner wissen, dass es funktioniert. Gewinner sind sicher, dass das Gespräch mit dem Chef gut wird, weil sie gute Argumente haben. Gewinner vertrauen darauf, dass ihre Investitionen laufen, weil sie das Bestmögliche getan haben. Gewinner wissen, dass sie so überzeugend sind, dass sie ihre Kunden überzeugen können.

Es ist so einfach: Indem du nicht mehr zweifelst und stattdessen an dich glaubst, wirst du zum Gewinner. Du ziehst das an, was du denkst. Gedanken werden Wirklichkeit. Ein sehr erfolgreicher Mensch, der Unternehmer Henry Ford, hat mal gesagt: »Ob du glaubst, du schaffst es, oder ob du glaubst, du schaffst es nicht, du wirst immer Recht behalten.« Hör also auf zu hoffen. Vertraue auf deinen Erfolg. Und wenn dir das nicht gleich gelingt, arbeite daran und schaffe bessere Voraussetzungen dafür, dass du vertrauen kannst. Mach dir eine Liste von Argumenten für dein Gespräch mit dem Chef und übe mit einem Freund oder vor dem Spiegel. Besiege die Angst. Angst ist die denkbar schlechteste Voraussetzung für alles. Wenn du Angst hast, dass der Kunde oder der tolle Typ auf der Party dich ablehnt, passiert genau das. Wenn du Angst hast, dein Geld zu verlieren, wird auch das passieren. Du ziehst an, was du denkst.

Und du kannst entscheiden, was du denkst. Du bist nicht Opfer, sondern Herr*in 😊 deiner Gedanken. Gedanken werden Wirklichkeit, denn aus Denken wird Handeln. Deshalb ist es ein entscheidender Unterschied, ob du denkst, »Ich gerate immer an die falschen Typen«, oder ob du denkst, »Ich werde einen Partner finden, der zu mir passt«. Beim ersten Gedanken steht der nächste falsche Typ schon an der Ecke und wartet auf dich. Beim zweiten Gedanken verändert sich nicht nur deine Ausstrahlung, sondern auch dein Blick auf die Welt. Du handelst anders, wirkst anders und ziehst andere Menschen in dein Leben. Du biegst auf die Gewinnerstraße ein.

Mach nicht den Fehler, halbherzig zu sagen, »Jaaa – jetzt muss ich erst mal schauen, ob das klappt. Dann kann ich vielleicht beim nächsten Mal nicht mehr hoffen, sondern wissen.« Der umgekehrte Weg ist richtig: Sobald du weißt, dass es klappt, wird es klappen. Sobald du sicher bist, dass du mit deinem Chef ein großartiges Gespräch führen wirst und eine Gehaltserhöhung bekommst, wirst du sie auch bekommen. Sobald du weißt, dass du überzeugend bist für die Partnerin, die du gerne hättest, wirst du diese Partnerin für dich begeistern. Sobald du weißt, dass du für deine Investments alles getan hast, um sie auf solide Füße zu stellen und gut unterwegs zu sein, wird auch das passieren.

Und noch ein Gedanke. Überleg dir mal für alles, was du machen möchtest: »Was wäre, wenn ich sicher sein könnte, dass es gut geht? Was wäre, wenn es einfach klappt?« Sehr entspannend, oder? Vielleicht lächelst du gerade. Und genau das ist es, was du dann anziehst: Dein Leben lächelt zurück. Was du denkst, ziehst du in dein Leben. Gedanken werden Wirklichkeit. Und Gewinner hoffen nicht.

Am Schluss

gewinnt immer der
mit dem größeren

Willen

Eben im zweiten Kapitel ging es darum, dass du Gutes in dein Leben ziehst, indem du dich gut verhältst. Jetzt geht es darum, dass du manchmal einfach auf den Putz hauen musst. Das Motto dazu lautet: »Es gewinnt immer der mit dem größeren Willen.« Dieser Satz ist nicht von mir, sondern von einer guten Freundin, die ich dir gleich noch vorstelle.

Beispiel: In einer Wohnung, die ich möbliert vermiete, sollten neue Möbel montiert werden. Dabei stellten die Handwerker fest, dass die Kopfteile der Betten fehlten, natürlich war es Samstagmittag. Die Dame, die mir bei so etwas hilft, rief mich an und sagte: »Mike, ich hab' schon mit dem Möbelhaus gesprochen. Die können das heute am Samstag nicht mehr liefern.« Am Montag sollten die ersten Mieter einziehen. Ich hakte nach: »Du hast da angerufen?« – »Ja, hab' ich, aber die sagen, das geht nicht.« Ich sagte: »Wart's ab. Der mit dem größeren Willen gewinnt. Immer!« Ich griff zum Telefon und erreichte einen Verkäufer. Stell dir mich in diesem Fall als den Zwillingsbruder von Gerhard Polt vor, also einen etwas wurschtigen sympathischen Ur-Bayern mit Elefantenhaut. Der Kollege vom Möbelhaus war eher der Typ »Ich kann Hochdeutsch, und was kannst du!??«

Ich: »Sie, ich bräuchert' bitte diese Teile heute noch geliefert.«

Er: »Geht nicht.«

Ich: »Des kann ich leider nicht akzeptieren. Schauns, ich hab' so viel Geld bei Ihnen gelassen. Ich möchte, dass die Kopfteile heute noch geliefert werden. Es nicht mein Fehler, dass sie nicht geliefert wurden.«

Er: »Das geht nicht.«

Ich: »Okay, sind Sie sich sicher, dass das nicht geht? Weil dann müsst ich sonst fast amal mit dem Geschäftsführer sprechen.«

Er: »Der Geschäftsführer? Mit dem kann ich Sie von dem Telefon aus gar nicht verbinden.«

Ich: »Das tut mir leid, dann holen Sie ihn mir doch bitte einfach kurz ans Telefon.«

Er: »Aber da müsste ich durchs ganze Möbelhaus laufen, das dauert äh … sicher eine Viertelstunde! Mindestens! So lang wollen Sie doch sicher nicht warten.«

Ich: »Ach, wissens, ich hab' Zeit. Seins doch bitte so lieb und holens den Herrn.«

Es dauerte ein paar Minuten (natürlich keine Viertelstunde), aber schließlich hatte ich den Geschäftsführer am Telefon. Ich erklärte ihm das Ganze freundlich, aber bestimmt und sagte: »Das geht so nicht. Ich habe meine Rechnungen sofort bezahlt und ich habe die Ware nicht wie abgesprochen bekommen. Das ist nicht mein Fehler.« Ende vom Lied: Die fehlenden Teile wurden am selben Tag geliefert, und ich bekam sogar als Entschädigung für meinen Ärger noch einen Einkaufsgutschein obendrauf.

Gelernt habe ich das von einer Freundin, die früher eine Eventagentur betrieb. Sie sagte: »Mike, ich muss das allen unseren Azubis immer erst beibringen: Es gewinnt immer der mit dem größeren Willen. Was meinst du, wie oft wir das schon hatten? Wir haben eine große Veranstaltung mit 500 Teilnehmern, und die Druckerei liefert die Speisekarten für die Tische falsch – falsch geschnitten, falsch gedruckt, was auch immer. Dann sag ich dem Azubi, ›Ruf bitte da an, damit die das neu machen – bis morgen.‹ Der Azubi kommt zurück und sagt, ›Ich hab's probiert. Das geht nicht.‹ Dann nehme ich das Telefon, rufe in der Druckerei an, und irgendwie geht's dann immer. Es gewinnt immer der mit dem größeren Willen.«

Das gilt für alle Lebensbereiche. »Wer am meisten an sich glaubt, gewinnt.« Egal, was du in deinem Leben erreichen möchtest, du musst der sein, der mehr an sich glaubt und einen größeren Willen hat als der andere. Dann wirst du immer gewinnen und alle deine Ziele erreichen. Sag deshalb nie: »Der hat zu mir gesagt, das geht nicht.« Nein – das hast *du* mit dir machen lassen. Lass es *nicht* mit dir machen. Frag auch nie: »Warum geht's nicht?«, frag lieber: »Wie können wir es machen, dass es geht?« Dann zeigst du, dass du den Willen hast, es durchzuziehen. Und dann kannst du alles erreichen, was du in deinem Leben erreichen möchtest. Die Zauberformel, um all das durchzusetzen, ist übrigens weder schreien noch wüten noch drohen oder Ähnliches, sie lautet: freundlich, aber bestimmt. Dann werden sich dir Türen öffnen, die du sonst für fest verschlossen gehalten hättest.

Dein
Lebenserfolg
misst sich
an der Anzahl
der unangenehmen
Gespräche

Jetzt ist natürlich die Frage: Was ist Erfolg? Erfolg darf, Gott sei Dank, wie schon beschrieben, jeder für sich selbst definieren. Es kann für dich Erfolg bedeuten, viel Geld zu haben (dazu gibt es übrigens ein tolles Buch, ich kenne den Autor, super Typ 😊).[1] Erfolg kann aber auch sein, viel Zeit zu haben, Zeit für die Familie beispielsweise. Ich denke da an eine alte Freundin, die mir von ihrem Leben berichtete mit den Worten: »Weißt du Mike, wir haben nicht so viel Geld. Aber wir haben Zeit. Wir sind mit den Kindern jeden sonnigen Tag im Sommer am See. Ich kenne so viele, die das gerne machen würden und es einfach nicht schaffen. Die haben zwar mehr Geld, aber es fehlt ihnen die Zeit.« Auch im Beruf weit zu kommen, bekannt zu sein in ganz Deutschland oder ganz im Gegenteil, nicht so prominent zu sein wie ein Thomas Gottschalk, sondern völlig unerkannt aufs Oktoberfest spazieren zu können – all das kann Erfolg bedeuten. Doch egal, welchen Erfolg du erreichen möchtest, er hängt ab von der Anzahl der unangenehmen Gespräche, die du in deinem Leben führst.

Der Grund ist einfach und immer derselbe. Wie der Engländer sagt: »Something is yes always« – irgendwas ist ja immer. Du möchtest mehr Zeit für die Familie, aber dein Chef hat fortwährend Zusatzaufgaben für dich. Du willst vorwärts kommen im Job, und ein »netter« Kollege klaut mit Unschuldsmiene deine Ideen. Du willst sparen und dein Geld anlegen, und dein Partner fährt zu deinem Schrecken gerade ein nagelneues Auto Probe – 300 PS unter der Haube, eine richtige Geldverbrennungsmaschine. Eigentlich solltest du drüber reden, aber das Gespräch wäre unangenehm … Und so drückst du dich. Und drückst dich. Und drückst dich wieder. Oder du wartest, bis dir sprichwörtlich der Kragen platzt. Dann wird es erst recht unangenehm, denn meistens geht die Schreierei nach hinten los. Sprich lieber gleich an, was dich stört.

Ich garantiere dir: Wenn du unangenehmen Gesprächen nicht länger ausweichst, sondern sie förmlich suchst, wirst du sehr viel mehr Erfolg in deinem Leben haben. Immer, wenn du ein merkwürdiges Gefühl im Bauch hast und deine innere Stimme dir sagt: »So geht das nicht!«, dann hör nicht auf die zweite innere Stimme, die prompt antwortet: »Aber ich will keinen Ärger!« Du ärgerst dich ja eh schon, und die beste Methode, diesen Ärger loszuwerden, besteht darin, die Sache anzusprechen. Ignorier auch eine ängstliche Stimme, die flüstert: »Was, wenn es nicht klappt (mit der Gehaltserhöhung/mit der Kundenakquise/damit, den »netten« Kollegen in die Schranken zu weisen …)?« Fang klein an, auch wenn du dich zu gerne weiter drücken würdest. Lass dir im Hotel nicht das dunkle Zimmer im Souterrain andrehen, wenn man dich mit einem Ausblick auf den blühenden Park geködert hat. Mach einen Termin mit dem Lehrer, wenn es Stress in der Schule gibt. Es mag am Kind liegen, vielleicht liegt es aber auch am Lehrer. Du wirst es nie herausfinden, wenn du kein potenziell unangenehmes Gespräch führst.

Die mulmigen Gespräche sind die allerwichtigsten, weil sie uns unseren Zielen näherbringen. Es gibt kaum wichtige Ziele, für die man nicht zwischendurch ein bisschen kämpfen muss. Und das kann man trainieren. Bereite dich gut vor. Die Formel lautet natürlich auch hier wieder »Freundlich, aber bestimmt«. Es geht nicht darum rumzuschreien, andere Menschen zu beschuldigen oder sie niederzumachen. Bleib sachlich und gleichzeitig hartnäckig. Unbeirrbare Freundlichkeit ist eine mächtige Waffe, die selbst Choleriker in die Knie zwingen kann. Je mehr »unangenehme« Gespräche du führst, desto erfolgreicher wirst du in deinem Leben sein. Du führst so immer mehr dein Wunsch-Leben, statt blind den Wünschen anderer zu folgen. Und du wirst erstaunt sein, wie einfach das geht.

PS: Ein schöner Nebeneffekt: Mancher, der einmal erlebt hat, dass du unangenehmen Gesprächen nicht ausweichst, wird dir das nächste dieser Gespräche gleich ganz ersparen 😊. Denn ein anderes Motto von mir lautet: »Es wird mit dir gemacht, was du mit dir machen lässt. Wem du die Schuld gibst, gibst du die Macht.«

Underpromise
and overdeliver:
Überrasche
positiv!

Wann hat dich jemand das letzte Mal positiv überrascht, egal ob zu Hause, in einem Laden oder auf der Arbeit? Wenn du da erst länger nachdenken musst, wird klar, warum eine bekannte Marketing-Maxime für dich und mich und überhaupt alle ein wichtiges Erfolgsrezept sein kann: »Underpromise and overdeliver.« Frei übersetzt: »Liefere mehr, als du versprochen hast.«

Oft ist es leider umgekehrt: Es wird viel versprochen und nicht ganz so viel gehalten. Das »superschnelle« Internet hakt, wenn man es am dringendsten braucht. Die versprochene Kundenfreundlichkeit entpuppt sich als Warteschleife in einer Hotline, die sich präsentiert wie ein Bahnhofsklo: dauernd besetzt. (Kleiner Tipp: Ruf lieber bei den Weight Watchers an, die nehmen immer ab. ;-)) Und die Mitarbeiter, die angeblich »im Mittelpunkt« des Unternehmens stehen, stehen bei einer Umstrukturierung plötzlich nur noch mitten im Weg. Sei angenehm anders als alle anderen (Kapitel 1, Die 5-A-Regel) und übertriff Erwartungen. Das gilt nicht nur, wenn du etwas verkaufen willst, als Freiberufler für wechselnde Auftraggeber arbeitest oder als Unternehmen Kunden überzeugen und binden willst. Das gilt auch privat, in der Familie, in Freundschaften und in der Partnerschaft. Übertriff Erwartungen und du wirst dafür belohnt werden, mit Zuneigung und (Kunden-)Treue. »Loyalität entsteht durch Übererfüllung von Erwartungshaltung«, heißt es.

Dazu musst du die Erwartungshaltung der anderen Seite natürlich kennen, und dafür gibt es eine ebenso simple wie sichere Methode: Frag einfach. Du kannst deine Kunden fragen, wie das ideale Arbeitsergebnis für sie aussähe und worauf es ihnen besonders ankommt. Du kannst dein Kind fragen, wie es seinen Geburtstag am liebsten feiern möchte. Oder deinen Chef, bis wann er was genau braucht und wie genau es aufbereitet sein soll. Und dann legst du noch eine kleine Schippe drauf. Vielleicht bist du ein bisschen früher fertig, denkst dir für den Kindergeburtstag noch eine Extra-Überraschung aus oder lieferst dem Kunden das Bestellte frei Haus und in besserer Ausführung, als er erwartet. Manchmal reicht es schon, sich für einen Moment in die Situation des anderen zu versetzen, um Erwartungen zu übertreffen. Wenn deine Liebste sich letztes Jahr erstaunlicherweise nur mäßig über den Einkochapparat als Weihnachtsgeschenk gefreut hat, liegt die Messlatte so niedrig, dass du mit einem wirklich persönlichen Geschenk mächtig Boden gut machen kannst.[2]

Underpromise and overdeliver – du kannst diesen Satz immer und immer wieder anwenden. Versprich was, liefere danach mehr (und vielleicht sogar schneller), als du versprochen hast, und du wirst das bekommen in deiner Beziehung, in deiner Freundschaft, von deinem Chef, von deinen Kunden, was wir uns alle wünschen: Loyalität. Menschen werden wieder und wieder zu dir kommen. Sie werden in der Beziehung bei dir bleiben. Du wirst im Job als Angestellter weiter gefragt sein, auch wenn andere Stühle längst wackeln. Du wirst als Unternehmer weiter sehr treue Kunden haben und als Freiberufler weiter viele Aufträge. Und dafür musst du dir oft nicht mal ein Bein ausreißen. Du musst nur ein bisschen genauer hinschauen als andere.

# AUSBLICK

## WAS HINTER FINANZIELLEM ERFOLG STECKT

Auch wenn das in diesem Buch nicht das Kernthema ist: Als Geldexperte komme ich natürlich nicht daran vorbei, kurz etwas zum finanziellen Erfolg zu sagen. Alle bisherigen Leitsätze werden auch deinen Wohlstand mehren. Wer angenehm anders ist als alle anderen, kommt beruflich eher voran, ob als Arbeitnehmer, Freiberufler oder Unternehmer. Und wer vorankommt, verdient mehr Geld, das er sparen und investieren kann. Gewinnerdenke und Willensstärke bringen dich ins Handeln. Du wirst niemals den Kopf in den Sand stecken und »hoffen«, dass die Rente später reicht. Wenn du unangenehme Gespräche nicht scheust, wirst du dich weder von einem »Anlageberater« über den Tisch ziehen lassen noch Gelddummheiten und Geldverschwendung in der eigenen Familie kommentarlos hinnehmen. Du wirst dich auch nie wieder vor einer Gehaltsverhandlung mit deinem Chef drücken, ganz im Gegenteil, du wirst sie einfordern. Und wenn du mehr hältst, als du versprichst, wirst du automatisch andere erfolgsorientierte Menschen in dein Umfeld ziehen. Damit wirst du langfristig (auch finanziell) noch erfolgreicher, weil du dir von ihnen etwas abgucken kannst. Ich bin heute Millionär, aber ich hatte auch Zeiten, wo mein Geld nur für Nudeln und Tomatensauce in Pulverform reichte. Noch heute bin ich Menschen dankbar, die positive Geldvorbilder waren und mir zeigten, wie ich aus der finanziellen Misere rauskomme!

# TUN:
## HANDELN MACHT GLÜCKLICH

Zum Thema Glück sind schon viele dicke Bücher geschrieben worden. Es gibt nicht nur Glücksbringer und Glückskekse, sondern auch Glücksforscher, Glücksstudien und den Glücksatlas der Deutschen Post. Dort kannst du nachschlagen, wo die Deutschen angeblich besonders happy sind. Bayern landete hier 2020 nur auf Platz 5. Also taugt der Atlas vermutlich nix, außer dass er im Kachelofen schön lang brennt. Das meint auch Josef Nullinger, und der als bayerischer Wirtshausphilosoph muss es schließlich wissen.

Ich selbst beschränke mich auf ein einfaches Glücksrezept, das du jederzeit und überall umsetzen kannst. In wenigen Worten: Tu was! Handle! Handeln befreit uns vom Grübeln, Handeln bringt uns unseren Zielen näher, Handeln macht uns erfolgreich. Handeln ist immer besser, als in der Ecke zu sitzen und Trübsal zu blasen. »Wenn es dir schlecht geht, hilf einem anderen«, lautet eine psychologische Weisheit. Und die wäre fast schon wieder ein eigenes Kapitel wert.

# ERFOLG

BESTEHT NUR AUS
3 BUCHSTABEN:

# TUN

Okay, ich gestehe: Dieser Satz ist etwas abgegriffen, und das nicht ohne Grund, denn es ist einer der wichtigsten Lebenssätze überhaupt. Vielleicht wird er deswegen immer wieder Goethe untergeschoben. Also, der Lebenssatz lautet: »Erfolg hat drei Buchstaben: T U N.« Das ist so simpel wie wahr, aber definitiv nicht von Goethe.[3] Ich hoffe, du musst jetzt nicht dein Wandtattoo abkratzen.

Es gibt so viele Menschen, die die größten Wolkenkuckucksheime und Luftschlösser bauen, aber einfach nicht in die Pötte kommen. Und dann gibt es die, die einfach loslegen und auf diese Weise Erstaunliches erreichen. Ein Freund von mir sagt immer: »Während die Schlauen noch überlegen, stürmen die Dummen die Burg.« Was jetzt auf keinen Fall bedeuten soll, dass du zu den Dummen gehörst, wenn du direkt loslegst, aber beizeiten kann es schon sinnvoll sein, einfach mal zu »machen«. Ein anderer Freund hat den Ausdruck geprägt »Commitment first, creativity second«. Oder auch, erst mal sagen »ich mach's«, und dann schauen, wie's überhaupt geht.

Vielleicht hast du von »Captain Tom« gehört: Der hochbetagte britische Herr wollte sich 2020 beim National Health Service für die gute Pflege nach seiner Hüftoperation bedanken. Sein Ziel: 1.000 Pfund Spenden sammeln. Damit die Briten diese Summe für ihr chronisch klammes Gesundheitssystem spendeten, kündigte er an, im Frühjahr 100 Mal mit seinem Rollator den heimischen Garten zu durchqueren. Man muss wissen: Tom Moore war zu diesem Zeitpunkt bereits 99 Jahre alt. Er marschierte los, seine Tochter sorgte für die Social-Media-Promotion. Am Ende waren 33 Millionen Pfund (36 Millionen Euro) zusammengekommen, und Moore wurde kurz vor seinem Tod 2021 von der Queen (mit 94 Jahren im Vergleich fast noch ein Teenager) zum Ritter geschlagen. Moores Beispiel beweist: Wir brauchen konkrete Ziele. Wir brauchen einen Zeitpunkt, zu dem wir das Ziel erreicht haben möchten. Wir brauchen eine Visualisierung – eine Vorstellung davon, wie das Ziel aussieht. Vielleicht hat Captain Moore sich vorgestellt, wie er den netten Schwestern aus dem Krankenhaus einen fetten Scheck überreicht. Aber die ganze

Visualisierung, das ganze Wünschen, das ganze Zielesetzen ist null und nichtig, wenn wir nicht in die Umsetzung kommen. Und da ist es wichtig, nicht nur über das große Ziel zu reden, sondern sofort jeden Tag eine kleine Sache zu erledigen, die uns diesem Ziel näherbringt. Man sagt nicht umsonst, auch die Besteigung des Mount Everest beginnt mit einem kleinen Schritt.

Egal, was du erreichen möchtest: Formuliere das genaue Ziel und visualisiere es – stell dir vor, wie es aussieht und sich anfühlt, wenn du dein Ziel erreicht hast. Und dann tu etwas dafür, und wenn es jeden Tag nur eine Kleinigkeit ist. Wenn du dein Business aufbauen möchtest, ruf jeden Tag mindestens einen potenziellen Kunden an, oder zwei oder drei oder fünf. Doch es ist besser, einen einzigen tatsächlich anzurufen, als sich 20 Anrufe nur vorzunehmen. Wenn du abnehmen möchtest und es schaffst, jeden Tag nur 100 Gramm Gewicht zu verlieren, dann nimmst du 700 Gramm pro Woche ab. Das macht 2,8 Kilo im Monat und im Jahr über 30 Kilo. Wenn du mit 30 Jahren deine erste Immobilie kaufen willst, fang mit 20 an zu sparen. Wenn du im Jahr 3.000 Euro sparst (beispielweise, weil du dir das Rauchen abgewöhnst und weniger Party machst), hast du selbst bei einer Rendite von nur 3 Prozent mit 30 ein Grundkapital von knapp 36.000 Euro beisammen (und wenn du dich fragst, wie du bei den Nullzinsrunden deiner Bank auf 3 Prozent kommen sollst, lies mein Buch *Geld allein ist auch eine Lösung*). Mit den richtigen Spartipps kannst du übrigens locker das Doppelte ansparen (und auch die gibt es in meinem Geld-Buch). Wie heißt es so schön: Das Glück ist mit den Tüchtigen. Und wenn du kontinuierlich etwas tust, bist du allen, die nur reden und nichts machen, meilenweit voraus und wirst alle deine Ziele erreichen. Deshalb gilt: Solltest du jetzt an einem Punkt in deinem Leben sein, an dem du eigentlich gar nicht sein möchtest, dann gibt's nur drei Buchstaben, die dich woanders hinbringen: T-U-N!

SEI NICHT
BESCHÄFTIGT
— SEI —
PRODUKTIV

Jetzt geht es um einen Satz, den ich mir selbst immer wieder vor Augen halten muss, weil es so einfach ist, in alte Muster zurückzufallen. Der Satz lautet: »Sei nicht beschäftigt, sei produktiv.« Es ist sehr leicht, permanent beschäftigt zu sein. Es vergeht ein Acht-Stunden-Tag oder sogar ein Tag mit zehn und mehr Arbeitsstunden, und am Abend denkst du: »Woah, heute hab' ich echt viel gearbeitet!« Und vielleicht fragst du dich auch: »Aber was hab' ich denn wirklich geschafft? Was ist am Ende dieses Tages eigentlich herausgekommen?« Manchmal erschreckend wenig.

Angeblich verbringen wir bei der Arbeit im Schnitt mehr als eine Stunde mit Suchen, Tag für Tag; aufs Jahr gerechnet, sind das ganze sechs Wochen. Wir suchen Rechnungen, Notizzettel, E-Mails. Zu Hause suchen wir dann weiter, den Hausschlüssel, die zweite Socke oder den zu kündigenden Vertrag fürs Fitness-Studio, das wir zuletzt vor Monaten von innen gesehen haben. Manchmal suchen wir auch den Sinn des Lebens. Wo haben wir *den* denn wieder hingelegt? Vielleicht hatte Oma ja doch Recht und Ordnung ist das halbe Leben.

Die Frage, ob du wirklich produktiv bist, kannst du auf zwei Arten beantworten. Zum einen kannst du dich immer fragen: »Habe ich mich auf meine MMAs konzentriert?« Dabei geht es nicht um eine wilde Kampfsport-Mischung (»Mixed Martial Arts«) und auch nicht um Mamas Mütterlichen Apfelkuchen, sondern schlicht um »Money Making Activities«, also Geld produzierende Aktivitäten. Egal, ob du im Vertrieb bist oder Freiberufler, Unternehmer, Investor oder Angestellter: Schau immer, ob du dich auf Money Making Activities konzentriert hast. Was ist heute bei deiner Arbeit am Ende konkret herausgekommen, für dich als Selbstständigen oder für die Firma, bei der du angestellt bist? Hast du Kunden gewonnen, Aufträge abgearbeitet, Angebote erstellt? Oder hast du Stunden damit verbracht, die schönste Visitenkarte zu basteln und bei WhatsApp »Kontakte zu pflegen«? Zum anderen kannst du dir immer eine zweite Frage stellen: »Bringt mich das, was ich jetzt gerade mache, meinem Ziel näher oder nicht?« Wenn es deinem Ziel dient, dann ist es meistens eine Money Making Activity, wenn nicht, ist es in der Regel eher vertane Zeit.

Achte also darauf, nicht wild beschäftigt, sondern wirklich produktiv zu sein. Du kannst dir beispielsweise am Vorabend eine To-do-Liste machen, auf der die Dinge stehen, die du morgen erledigen willst. So tappst du nicht in die Falle, in der du morgens erst mal eine Stunde brauchst und gelähmt bist, bis du überhaupt weißt, womit du anfangen sollst. Denn die Antwort auf *diese* Frage ist dann meistens: mal Facebook, Instagram, TikTok oder ein YouTube Video gucken. Wenn deine Liste fertig ist, schau noch mal drauf: »Welche dieser Aufgaben bringen mich wirklich meinem Ziel näher? Welche dieser Aufgaben produzieren Geld?« Setz diese Aufgaben ganz oben auf die Liste und nimm sie dir morgen als Erstes vor. Du wirst erheblich produktiver arbeiten, mehr schaffen und womöglich trotzdem eher nach Hause gehen. Denn wie der schlaue Herr Pareto, ein italienischer Ingenieur und Ökonom, herausfand, bringen 20 Prozent Aufwand häufig 80 Prozent Ergebnis, während die restlichen 80 Prozent Beschäftigung nur noch magere 20 Prozent Ergebnis abwerfen. Wahrscheinlich haben die Italiener wegen dieses »Pareto-Prinzips« noch genug Zeit für Dolce Vita ... . Schließlich sind 20 Prozent der Aktivitäten oft für 80 Prozent Spaß im Leben verantwortlich.

Die Konzentration auf die 20 Prozent MMAs, die für 80 Prozent deines Ergebnisses verantwortlich sind, ist dein Weg zu mehr Erreichtem, mehr Geld, mehr Umsatz, aber auch dein Weg zu mehr Freizeit und weniger Stress. Geh gleich morgens das an, was an diesem Tag am wichtigsten ist und was du sonst vielleicht vor dir hergeschoben hättest. Das gibt dir Schwung für den ganzen Tag!

KEINE
ENTSCHEIDUNG
IST AUCH
EINE
ENTSCHEIDUNG

Im Grunde ist unser Leben die Summe unserer Entscheidungen. Wir entscheiden von morgens bis abends. Lieber Müsli oder Semmel? Radl oder Auto? Kneipe oder Sofa? Sogar vor der gepflegten Wirtshaus-Rauferei steht die Entscheidung »Gehma raus, mach mers aus?« oder »Gehma rein, lass mers sein?«. Das kriegen wir meistens ganz gut hin. Und dann gibt es da noch die Entscheidungen, die uns schwerer fallen, weil sie schwerwiegender sind als die Müsli-oder-Semmel-Frage. Oft kommen wir dann an einen Punkt, an dem wir sagen, »Ja, das kann ich jetzt nicht entscheiden, das entscheide ich später.« Was uns in dem Moment oft nicht klar ist: Mit diesem Gedanken haben wir in Wahrheit schon eine Entscheidung getroffen. »Keine Entscheidung ist auch eine Entscheidung.« Wenn du beispielsweise in deinem Leben etwas ändern möchtest – den Job wechseln oder auch den Partner – und du sagst, »das entscheide ich später«, hast du dich in Wirklichkeit entschieden, alles beim Alten zu lassen. Manche schaffen es auf diese Weise bis zur Goldenen Hochzeit. Wenn du sagst, »Um Geldanlagen kümmere ich mich später«, hast du dich gerade entschieden, dein Geld auf dem Girokonto gemütlich von der Inflation wegfressen zu lassen. Nicht entscheiden ist eben doch eine Entscheidung, und Entscheidungen haben immer Folgen.

Entscheidungen sind wahnsinnig wichtig im Leben, und je schneller und je entschiedener wir sie treffen, desto erfolgreicher sind wir. Deshalb war dieser Satz für mich eine Offenbarung, und er kommt mir immer in den Sinn, wenn ich mich mit einer Entscheidung schwertue. Schnelle Entscheidungen zu treffen, das kannst du in »ungefährlichen« Situationen üben, z. B. wenn du essen gehst. Du nimmst die Speisekarte in die Hand, scannst einmal drüber, eine Minute höchstens, besser noch 30 Sekunden, sagst: »Okay. Das nehme ich.« Speisekarte zu, weg damit. Und egal, was die anderen am Tisch bestellen, entscheide dich nicht mehr um. Bleib bei deiner Entscheidung. Oft sind die schnellen Entscheidungen die besten, jedenfalls dann, wenn du dich einigermaßen mit einer Sache auskennst. Wenn du z. B. schon öfter im Internet Urlaub gebucht hast, findest du in zehn Minuten dein perfektes Hotel oder deine Traumferienwohnung.

Die restlichen drei Stunden verbringst du dann erfahrungsgemäß mit dem vergeblichen Versuch, noch »was Besseres« auszugraben.

Solltest du dich in deinem Leben immer wieder in Situationen wiederfinden, wo alles sehr zäh wird und nichts vorangeht, liegt das wahrscheinlich daran, dass du gerade Entscheidungen vor dir herschiebst und keine Klarheit hast. Klarheit ist sehr wichtig, Unklarheit belastet uns. Deswegen ist es so enorm hilfreich, dass du dir sagst: »Nein, ich entscheide mich. Ich entscheide mich schnell und habe Klarheit.« Fällt dir eine Entscheidung besonders schwer, hast du wahrscheinlich noch nicht genügend Informationen. Hol dir mehr Infos, und du wirst dich bald sicherer fühlen. Mit mehr Hintergrundwissen kannst du schneller und besser entscheiden. Frag z. B. jemanden, der sich auskennt. Such im Internet nach Infos, lies ein Buch zum Thema. Oder bitte Menschen um ihre Meinung, die mal in einer ähnlichen Situation waren. Und dann triff beherzt eine Entscheidung. Damit bekommst du den Kopf frei für Neues. Kleiner Spezialtipp: Hör auf deinen Bauch, dein Bauch lügt nie. Deine Intuition ist dein bester Freund, wenn es um Entscheidungsfindung geht. Wenn es sich gut anfühlt, tu es, wenn dein Bauch grummelt, entscheide dich lieber anders oder dagegen. So oder so, mach es auf jeden Fall schnell.

In zwei Sätzen zusammengefasst: Triff zügig Entscheidungen, und wenn du dich noch nicht entscheiden kannst, hol dir mehr Infos. Und höre auf dein Bauchgefühl. Bei mir ist das übrigens ein sehr großes Gefühl. 😉 So wirst du vom Reagierenden zum Agierenden in deinem Leben. Und der Agierende ist immer der Glücklichere und auch der Erfolgreichere. Siehe nächster Lebenssatz!

# DER HANDELNDE IST DER GLÜCKLICHE

Als ich mein Abi machte, hätte niemand auch nur einen Cent darauf gewettet, dass ich es irgendwann mal zum Radio schaffe. Ich war ein ziemlich dicker Bub aus Niederbayern mit einem kabarettreifen Nullinger-Akzent, lang bevor mein Alter Ego Nullinger das Licht der Welt erblickte. Der Berufsberater machte mir wenig Hoffnung auf eine Radiokarriere, wenn ich keine »Connections« zu Radioleuten hätte. Koch zu werden, das redete er mir auch aus (»Da müssen Sie immer abends arbeiten, wenn andere frei haben.«). »Okay, werd ich halt Lehrer«, dachte ich und begann ein Studium in München. Das hätte das Ende der Geschichte und der Beginn einer Lehrerlaufbahn für Französisch und Englisch am Gymnasium sein können. Dann las ich einen Zettel am schwarzen Brett der Uni: »Du interessierst dich für Film und Fernsehen? Wir haben einen Job für dich!« Die Bavaria Filmstudios suchten Tour Guides, und da ich mutig mein Schulfranzösisch für führungstauglich ausgab, bekam ich einen der drei Jobs. Zumindest hatte ich so schon mal einen Zeh in der Medienwelt.

Just auf der Fahrt zur ersten Vorstellung bei den Studios wies mich ein mitfahrender Kommilitone auf etwas Interessantes hin: »Du, da wird ein Studenten-Radiosender gegründet!« Prompt saß ich tags darauf in einem brechend vollen Hörsaal voller Interessierter. Der Saal war so voll, dass ich nur ganz hinten einen Randplatz bekommen habe. Als ich hörte, dass jetzt gleich die Listen ausgeteilt werden sollten, auf denen man sich für die verschiedenen Kurse eintragen konnte, dachte ich, »Was für ein Pech«. Allerdings wurden die Listen von hinten ausgegeben. Und wer hatte als Allererstes den Zettel für den kostenlosen Moderationskurs in der Hand? Der, der hinten am Randplatz saß, also ich. In den folgenden Monaten, als sich 90 Prozent der erst hoch Interessierten längst verkrümelt hatten, als ihnen langsam schwante, dass dieses »Radio machen« Arbeit mit sich bringt, war ich wenig im Hörsaal, dafür fast rund um die Uhr im Studentensender. Auch dort wusste man mein lupenreines Bayerisch wenig zu schätzen, im Gegensatz zu den Hochdeutsch Sprechenden, die gefragt waren. (Man könnte fast meinen, »Der Preiß ist heiß!«.) So war ich eher mit Zuarbeit und Technik beschäftigt. Irgendwann fragten mich dann zwei Typen, die eine Comedy-Sendung machten, ob ich mit einsteigen wolle: »Aber die Moderatoren bleiben wir!« So wurde der Studiotechniker Josef Nullinger geboren, der immer dann ins Mikro schwadronierte, wenn irgendetwas mit der Technik schiefging. Also ziemlich oft.

Ich könnte noch Stunden weitererzählen, wie ich über alle möglichen Umwege, Begegnungen und mehr oder eher weniger gut bis hin zu gar nicht bezahlten »Zwischenjobs« schließlich bei Antenne Bayern landete, wo man sich an die Nullinger-Figur aus dem Studentenradio erinnerte. Der Rest ist Geschichte. Josef Nullinger war bald bekannter als ein bunter Hund und wurde zur Kultfigur. Darauf eine Lebakaassemme!

Warum erzähle ich dir das? Weil es eine schlichte Wahrheit belegt: Der Handelnde ist der Glückliche. Wenn du agierst, anstatt zu reagieren, wenn du was machst, anstatt abzuwarten, dann bist du auf dem Erfolgsweg. Versuche deshalb immer, das Zepter in die Hand zu nehmen. Nur dann wird sich etwas bewegen, weil DU dich bewegst. Das Glück läuft nicht durch die Gegend und sucht nach dir, um energisch an deine Tür zu klopfen und dich aus deinem Schneckenhaus zu zerren. Du musst dich selbst auf den Weg machen, damit das Glück dich treffen kann. Wenn du das tust, kommt das Universum dir wiederum merklich mit sehr viel »Glück« entgegen und unterstützt dich. Netter Nebeneffekt: Wenn du handelst, bist du viel zu beschäftigt, um unglücklich zu sein, zu zweifeln oder dir Sorgen zu machen. Und übrigens auch viel zu beschäftigt, um sinnlos Geld auszugeben, was die Entwicklung deines Vermögens durchaus positiv beeinflussen kann.

Wer als Selbstständiger jeden Tag zehn Kunden anruft, hat zwangsläufig mehr »Glück« in der Akquise, als der, der zu Hause sitzt und wartet, dass ein Auftrag hereinkommt. Und wer sich traut, im Club jemanden gekonnt anzusprechen (z. B. mit der einfachen Frage »Weißt du, was mir an dir aufgefallen ist?«), hat auf jeden Fall mehr Glück beim anderen Geschlecht als der, der sich still an seinem Weißbierglas festhält und dann beim ersten Händeschütteln eine eiskalte Flosse hinhält.

Das »Glück der Tüchtigen« ist für mich eine absolute Gewinner-Regel. Ich garantiere dir: Wenn du in jeder Situation, in der du erst mal ratlos oder mutlos bist, fragst, »Was kann ich jetzt tun?«, und wenn du dann ins Handeln kommst, wird es immer weiter aufwärts gehen. Du wirst gewinnen, weil du der bist, der die Initiative ergreift.

LOVE IT
CHANGE IT
OR LEAVE IT

Sieben Worte, die dein Leben verändern können: »Liebe es, ändere es oder lass es.« Dieser Satz gilt für alle Lebensbereiche – Job, Beziehung, Freundschaft, Ernährung, Sport, was auch immer. Das fängt im Kleinen an. Du magst das Hotelzimmer nicht, das man dir gegeben hat? Dann ändere es, geh zur Rezeption: »So hab' ich mir das nicht vorgestellt. Welches andere Zimmer können Sie mir denn anbieten?« Meistens lässt sich was ändern. Wenn nicht, geh in ein anderes Hotel. Wenn das auch nicht geht, entscheide dich aktiv dafür, das Zimmer zu akzeptieren (»lieben« musst du es ja nicht unbedingt) und überlege, was daran gut sein könnte, dass dir das »Universum« dieses Zimmer zugewiesen hat. Aber vermeide eins: Nun jeden Urlaubstag von morgens bis abends damit zu hadern, dass du nicht dein Wunschzimmer bekommen hast. Damit landest du im düsteren Zwischenreich permanenter Unzufriedenheit, in dem du nicht einmal den Sonnenuntergang oder das gute Essen genießen kannst. Wäre ja ganz schön, wenn nur das blöde Zimmer nicht wäre …

In diesem Zwischenreich der Unzufriedenheit verbringen viele Menschen, müde über ihr Schicksal maulend, einen Großteil ihres Lebens. Sie warten die ganze Woche auf Freitag, das ganze Jahr auf den Sommer und ihr ganzes Leben lang darauf, dass sie endlich glücklich werden. Montage hassen sie natürlich ganz besonders, weil sie ihren Job hassen. Wenn das bei dir auch so ist, frag dich: Wie kannst du es ändern? Kannst du dich intern um eine andere Position bewerben? Liegt es am Chef? Liegt es an der Firma? Wenn es »an allem« liegt, kannst du deine Situation an dieser Arbeitsstelle offenbar nicht verbessern. Dann kündige. Geh woanders hin. Und wenn du meinst, das geht nicht, weil du (angeblich) nie wieder ein so gutes Gehalt bekommst, weil du »praktisch unkündbar« bist oder weil der Job gleich um die Ecke ist und dir genug Zeit für deine Hobbys lässt, dann liebe deinen Job! Offenbar hat er ja eine Menge Vorteile. Und mit dieser neuen Haltung wird er dir vermutlich sogar mehr Spaß machen. Härter ist eine solche Entscheidung in der Beziehung, wenn du dich z. B. fragst, »Liebe ich diesen Partner noch?« und die Antwort lautet: »Eigentlich nicht.« Kannst du den Partner ändern? Nein, natürlich nicht. Du kannst niemand anderen ändern. Der einzige Mensch, den du zuverlässig ändern kannst, bist du selbst. Kannst und willst du dich ändern, um diese Partnerschaft zu retten? Wenn die Antwort wieder Nein lautet, verlass diese Partnerschaft.

Liebe es, verändere es oder (ver)lass es. Ruf dir diesen Satz ins Gedächtnis, immer, wenn du dich dabei ertappst, über etwas jammern zu wollen. Wenn du es nicht ändern kannst, dann kannst du sofort aufhören zu jammern, denn dann bleiben dir nur zwei Möglichkeiten: Die Situation zu verlassen oder sie zu nehmen, wie sie ist. Damit lebst du ein sehr viel glücklicheres Leben, weil du weißt: »Bevor ich lang jammere, kann ich es genauso gut auch gleich ändern. Und wenn ich es ändere, gibt es keinen Grund zu jammern. Und falls ich es nicht ändern kann, ist Jammern erst recht sinnlos.« Für den einen oder anderen, der nicht das berühmt-berüchtigte Jamba Monatspaket am Handy, sondern das Jammer Monatspaket in seinem Leben im Abo hat, ist diese Formel besonders sinnvoll.

Dein Leben *ist* ein Wunschkonzert, auch wenn manche Griesgrame was anderes behaupten! Schau, dass du dein Leben in so vielen Bereichen wie möglich liebst. Dafür musst du halt manchmal was tun, sozusagen den Konzertsaal wechseln, wenn dir die Musik gerade absolut nicht gefällt. Oder die Band austauschen. Oder eben einfach lauthals mitsingen, bis dir die Musik gefällt. Love it, change it or leave it könnte so durchaus dein Lieblingssong deiner Lieblingsband werden. L.I.C.I.O.L.I. ist auch eine gute Lektion für den Umgang mit anderen Menschen. Lass dich nicht länger endlos zumüllen, sondern ziehe Grenzen: »Hey, wenn du es nicht magst und auch nicht bereit bist, es zu ändern, dann bin ich auch nicht bereit, mich von dir volljammern zu lassen und mir diese negative Energie reinzuziehen, denn auf Dauer gilt die Formel …« – du weißt schon, welche.

WENN DAS
WAS
STEHT, KOMMT DAS
WIE
VON ALLEIN

Wir wissen in unserem Leben oft nicht, wo die Reise hingehen soll. Und wenn wir nicht wissen, wo es hingehen soll, dann wissen wir auch nicht, wie wir da hinkommen. Stell dir vor, du bist mit deinem Auto unterwegs und du überlegst: »Fahr ich nach Kopenhagen, fahr ich nach Rom? Oder nach Prag oder vielleicht doch lieber nach Paris?« Und du denkst die ganze Zeit, »Prag wäre 'ne Möglichkeit. Kopenhagen ist aber auch schön. Oder Paris? Obwohl, in Rom war ich auch noch nie.« Dadurch, dass du keine Entscheidung triffst, fährst du wahrscheinlich im Kreis. (Wenn du in Erdkunde gepennt hast, genügt ein Blick auf die Karte, und du verstehst das Dilemma.) Das Zaudern zwischen Nord, Süd, Ost und West gibt dir und deinem Leben den Rest. Du hast keine Ahnung, wo es hingehen soll, und deshalb weißt du auch nicht, wie du dich verhalten sollst.

Wir weigern uns oft im Leben, Entscheidungen zu treffen. Manchmal merken wir das nicht einmal. Wir sind nur genervt, weil wir uns im Kreis drehen. Deswegen triff immer Entscheidungen. Entscheide dich, wohin deine Reise gehen soll. Entscheide dich für ein Ziel. Sei dir darüber im Klaren, dass du dich auf dem Weg oder wenn du am Ziel bist, auch wieder umentscheiden kannst. Das macht die Entscheidung leichter. Du musst nicht bis an dein Lebensende dort bleiben, wo du einmal angekommen bist. Aber wichtig ist, erst einmal eine Entscheidung zu treffen, denn nur dadurch wirst du handlungsfähig. Sobald du weißt, »Ich fahre nach Paris«, weißt du auch, was zu tun ist. Du musst die Autobahn nach Westen nehmen, immer mal wieder rausfahren, du musst tanken, zwischendurch was essen, rechtzeitig schlafen. Wenn das Was steht, kommt das Wie von allein. Und wenn es dir in Paris nicht gefällt, kannst du immer noch nach Prag fahren.

Auch wenn du im Moment vielleicht skeptisch bist: Das Wie kommt tatsächlich wie von selbst, sobald das Was steht. Nehmen wir an, du weißt nicht, welchen Beruf du ergreifen sollst oder welches Fach du studieren willst. Sobald du weißt, ich werd' DJ (oder Controller, Personal Trainer, Website-Gestalter …), wird der Weg dahin klar. Du weißt plötzlich, an wen du dich wenden und was du tun musst. Deshalb mach dir sehr viele

Gedanken über das Was. Das kann Tage dauern, Wochen, manchmal sogar Monate. Bleib dran: Hol dir Infos, sprich mit anderen. Geh spazieren und denk drüber nach. Setz dich hin und schreib deine Gedanken auf. Irgendwann kommt der Punkt, an dem du weißt: Das ist es! Du triffst deine Entscheidung. Und wenn du weißt, wo deine Reise hingehen soll, ist es plötzlich wie bei Tetris: klick, klick, klick, klick, klick fallen alle Steine ineinander, und es sprengt die Reihen nur so weg. Dein Unterbewusstsein hilft mit, denn dir fallen plötzlich Möglichkeiten auf, die du vorher übersehen hast. Und auch das Universum ist freundlicher zu dir und schickt dir den einen oder anderen Helfer. Der hätte vielleicht auch schon vorher deinen Weg gekreuzt, doch du hättest ihn gar nicht erkannt. Und wie soll das Universum denjenigen denn schicken, wenn du es nicht darüber informierst, wo die Reise hingehen soll?

Dein Weg wird leichter, wenn du folgende Sätze und Gedanken aus deinem Repertoire streichst:

| Nicht so gut | Besser |
|---|---|
| ~~»Eigentlich sollte ich …«~~ | »Ich werde …« |
| ~~»Man müsste mal …«~~ (Wer ist eigentlich dieser geheimnisvolle »Man«?) | »Ich werde …« |
| ~~»Wer weiß, ob das funktioniert?«~~ | »Da ich nicht weiß, ob es funktioniert, probiere ich es zur Sicherheit lieber mal aus.« |
| ~~»Das wird sehr schwer …«~~ | »Das mache ich einfach.« |
| ~~»Heute bin ich zu müde …«~~ | »A biss'l was geht immer!« |

Du weißt, wer beim Zögern und Zaudern spricht? Dein innerer Oinkiwuff (das ist Mike-isch für Schweinehund), der sich am liebsten auf der weichen Couch räkelt, Chips futtert und alles, was ein bisschen anstrengend ist, gähnend blockiert. Hör nicht auf ihn! Du hast mehr drauf, als er dir einreden will.

# AUSBLICK

## WER RICHTIG HANDELT, KANN REICH WERDEN

Viele Menschen meinen, man müsse entweder erben oder im Lotto gewinnen, um »reich« zu werden. Das stimmt nicht. Glücklicherweise! Jeder kann Wohlstand aufbauen. Auch hier gilt: Wenn das Was steht, kommt das Wie von allein. Ich selbst bin das beste Beispiel. Mit 27 hatte ich 35.000 Euro Schulden. Ich hatte an der Börse Geld verloren und gleichzeitig eine fette Steuervorauszahlung zu leisten. Ich schwor mir: Das passiert mir nie wieder. Mit spätestens 40 bin ich Millionär! Ab da wusste ich, was zu tun ist. Ich habe das mal in die »3-i-Formel« gegossen: immer sparen, immer spenden, immer investieren. Ich mache dir also nicht weis, dass du in 14 Tagen mühelos märchenhaft reich wirst. Ich hatte mir 13 Jahre für die Million gegeben, am Ende brauchte ich nur sieben. In dieser Zeit habe ich alles getan, um meine Ausgaben zu reduzieren (sparen). Ich habe mir Finanz-Know-how angeeignet und das Ersparte sinnvoll investiert, vor allem in Immobilien. Und ich habe aus einer Haltung der Fülle heraus von meinem Geld etwas abgegeben an Menschen, denen es schlechter geht, also gespendet. Denn Fülle zieht Fülle an. Mangel zieht Mangel an. In der ganzen Zeit habe ich extrem hart gearbeitet und auf diese Weise gutes Geld verdient. Und das hat sich im doppelten Sinne des Wortes ausgezahlt. Erfolg hat tatsächlich drei Buchstaben – T U N. Und der Handelnde ist der Glückliche.

# SCHICKSAL:

## KARMA & KONSORTEN

Gibt es tatsächlich Glückskinder und Pechvögel? Wenn du morgens vor die Haustür trittst und dir fällt ein Dachziegel auf den Kopf, dann ist das Pech. Wenn du anschließend im Krankenhaus als 100.000ster Patient einen nagelneuen BMW als Preis bekommst, ist das Glück. Aber abgesehen von solchen Ausnahmen sind Glück und Unglück im Leben weitgehend selbstgemacht. Beides hat sehr viel mit der eigenen Lebenshaltung zu tun. Der Optimist weiß, dass nach Regen irgendwann Sonnenschein kommt. Der Pessimist geht selbst bei schönstem Wetter nie ohne Schirm aus dem Haus.

In den folgenden Kapiteln geht es darum, wie du dein Leben glücklicher, gelassener und erfolgreicher gestalten kannst – mit Betonung auf »selbst gestalten«! Mein Credo: Du bekommst, was du aussendest. Und das hast du in der Hand.

VERHALTE DICH
GUT UND
*Gutes*
WIRD DIR
WIDERFAHREN

Vor Jahren machte ein witziger Unterhaltungsroman mit dem Titel *Mieses Karma* Furore. David Safier erzählt darin die Geschichte der rücksichtslosen Fernsehmoderatorin Kim, die nach ihrem Unfalltod (durch ein Stück herumfliegenden Weltraumschrott) als Ameise wieder zu sich kommt. Kim hat in ihrem Leben einfach zu viel schlechtes Karma angesammelt und deshalb bei der Wiedergeburt die A…meisenkarte gezogen. Nur durch gute Taten kann sie es bei der nächsten Wiedergeburt besser erwischen. Safier hat sich hier von indischen Religionen und dem Konzept der Reinkarnation inspirieren lassen. Das hat übrigens nichts mit der »Rheinkanalisation« zu tun. Bei Letzterem schwemmt es den Schmutz, den du reingibst, einfach weg, bei Ersterem kommst du als der Schmutz, den du reingibst, wieder zurück. Natürlich ist die Romanhandlung völlig irrwitzig. In einem Punkt halte ich die Lehre vom Karma jedoch für sehr weise: in der Mahnung, dass alle unsere Handlungen Folgen für uns haben, gute wie schlechte – nicht immer gleich und sofort, aber auch nicht erst im nächsten Leben. Mieses Karma rächt sich, gutes wird belohnt.

»Tue Gutes, und Gutes wird dir widerfahren.« Das ist ein Leitsatz im Buddhismus. In der Bibel steht was ganz Ähnliches: »Wer da Gutes sucht, dem widerfährt Gutes; wer aber nach Unglück ringt, dem wird's begegnen.« (Sprüche 11, Vers 27) Ich bin felsenfest überzeugt, dass das stimmt. Wenn du gutes Karma rausgibst, kommt gutes Karma zu dir zurück, und das vielfach. Wenn du mitmenschlich durchs Leben gehst, niemanden über den Tisch ziehst, niemanden ungerecht oder unfair behandelst, wirst du dafür belohnt werden. Persönlich erkläre ich mir das so: Wenn wir Gutes in die Welt geben, erzeugen wir damit eine positive Schwingung. Die Menschen, denen wir Gutes tun, spüren das und geben ihrerseits anderen Menschen wieder Gutes. Und die wiederum geben es anderen. Das löst am Ende eine große Kettenreaktion aus, wie Dominosteine, die nacheinander umfallen. Und: Diese Dominosteine sind im Kreis angeordnet, kommen also immer wieder zu uns zurück. Wenn wir uns alle gemeinsam gut verhalten, verändern wir die Welt – nicht nur für die anderen, sondern auch für uns selbst. Deshalb garantiere ich dir, dass sich Gutes für dich zehn- bis hundertfach auszahlt. Als kleine Übung hierfür empfehle ich dir Folgendes: Leg doch immer wieder mal 50 Cent oder einen Euro in den Wechselgeldschacht von Parkautomaten. Derjenige, der das Geldstück findet, bekommt gute Laune und wird diese wiederum weitergeben. Das ist eine Form des Butterfly Effects, ein kleiner Schmetterlingsflügelschlag, der die Welt verändert.

Doch was ist denn nun überhaupt »gut«? Das klingt erst einmal wenig greifbar. Aber jeder von uns hat ein feines Gespür dafür, was eine gute Verhaltensweise ist und was nicht. Die allermeisten Menschen sind so erzogen worden. Vielleicht sind es am Ende die klassischen Tugenden wie Nächstenliebe, Barmherzigkeit, Ehrlichkeit, Zuverlässigkeit. Für manchen sind es auch die zehn Gebote. Wenn du im Alltag, wie oben beschrieben, schaust, wo kann ich anderen Menschen etwas Gutes tun, und nicht danach trachtest, wo kann ich am meisten für mich selbst rausholen, dann wird es dir gut ergehen. Ein Beispiel: Ich habe vor vielen Jahren eine Wohnung gekauft, in der eine ältere Dame schon lange lebte. Diese Wohnung sollte eigentlich an eine Interessentin aus dem Ausland verkauft werden. In der Folge wäre die alte Dame entmietet worden und hätte nach über 30 Jahren ihr Zuhause verloren. Ich habe der Dame das Geld gegeben, damit sie ihr Mieter-Vorkaufsrecht ausüben konnte. Ich besaß so viel Geld auch nicht selbst, aber ich hatte im Unterschied zu ihr die Bonität für einen entsprechenden Kredit. Anschließend habe ich der Dame die Wohnung zum selben Preis gleich wieder abgekauft und ihr ein lebenslanges Wohnrecht zu einer äußerst bescheidenen Miete garantiert. Die Dame war damals 86, sie hat noch über acht Jahre in dieser Wohnung gelebt. Ihre Tochter sagte immer, »Hey Mike, die Mama betet jeden Tag für dich, weil du ihr da so geholfen und ihr Gutes getan hast.« Es war damals erst mal kein gutes Geschäft für mich, denn eine so große Wohnung hätte ich viel teurer vermieten können. Aber ich habe danach noch so viele gute Geschäfte machen können, dass für mich kein Zweifel besteht: Gute Taten werden belohnt. Immer! Just jetzt, da ich dieses Buch schreibe, erreicht mich ein Geburtstagsgruß der Tochter der Dame, über den ich mich sehr gefreut habe und den ich dir mit ihrer Erlaubnis ohne Namensnennung hier zeigen darf:

*»Herzlichen Glückwunsch zum Geburtstag, lieber Mike,*

*Du hast meiner Mama ermöglicht, in ihrer/Deiner Wohnung wohnen bleiben zu dürfen, wofür sie Dir jeden Tag dankbar war. Sie hatte zweimal im Leben ihr Zuhause verlieren müssen (Krieg, Scheidung) und wusste dieses Dein Geschenk von Herzen zu schätzen. Und wünschte, dass Dein Karma davon profitiere.*

*Heute ist es an mir alleine, Dir ein Guuutes Jahr, Glück und Gesundheit zu wünschen, dennoch auch von Herzen! Diese vermaledeite Zeit möge an Dir und Deinen Lieben spurlos vorbeigehen.*

*Liebe Grüße, XXX«*

Ist das nicht schön? Für mich ist es also eine unumstößliche Wahrheit: Verhalte dich gut und Gutes wird dir widerfahren.

# Zufall und Glück gibt es nicht

Ja, ich weiß: Im vorigen Teil des Buches habe ich versprochen, dass Handeln »glücklich« macht. Klar gibt es Glück. Doch in diesem Kapitel geht es nicht um das Glück als Glücksgefühl. Es geht um Glück im Sinne von »glücklicher Zufall« oder Glückstreffer. Und da sage ich: Solches »Glück« gibt es genauso wenig wie den Zufall. Nimm folgendes Beispiel: Ein Bekannter sucht ein günstiges Einzimmerapartment in der Innenstadt, vielleicht in einer begehrten Stadt wie München oder Hamburg. Drei Monate später triffst du ihn wieder, und er erzählt dir begeistert, dass er gerade genau das gefunden hat, was er suchte – noch dazu relativ günstig und in einer ruhigen Nebenstraße. Glück? Zufall? Wenn du in solchen Fällen nachbohrst, wirst du meistens erfahren, dass der andere in der Zwischenzeit ziemlich aktiv war. Er hat jedem, ob er es hören wollte oder auch nicht, von seinem Wohnungswunsch erzählt. Dir ja beispielsweise auch. Er hat im Internet Suchaufträge gepostet. Er hat zu verschiedenen Maklern Kontakt aufgenommen und sich bei Wohnungsverwaltungen oder Genossenschaften auf die Warteliste setzen lassen. Und irgendwann hat es dann tatsächlich geklappt, durch eine Empfehlung, einen Makler oder auf anderem Wege. War das nun Glück? Oder Zufall?

»Glück ist, was passiert, wenn Vorbereitung auf Gelegenheit trifft«, hat der antike Philosoph Seneca letztens bei Instagram gepostet, ehrlich, ich hab's persönlich gesehen (und auch geliked). Keine Vorbereitung, kein Glück. Selbst für einen Lottogewinn musst du zumindest den Schein ausfüllen und abgeben. Doch während der Jackpot mit der »Chance 1 zu 140 Millionen« fast so unerreichbar ist wie die nächste Weltraumstation, sind viele andere Ziele in greifbare Nähe gerückt, wenn du nur genügend Energie draufschickst. Deswegen hoffe nicht auf bloßes Glück oder den Zufall. Zufall ist, was dir zufällt, wenn du vorher genügend getan hast. Das meine ich, wenn ich sage, »Zufall und Glück gibt es nicht« – du kannst »glückliche Zufälle« mit konsequentem Verhalten herbeilocken. Wenn du genügend Energie investierst, wirst du früher oder später »Glück haben« oder »zufällig« den Menschen treffen, der dir weiterhelfen kann.

Ob toller Job, Traumurlaub, schöne Wohnung oder eine neue harmonische Beziehung: Viele Menschen erklären das ganz bescheiden, »Och, da habe ich einfach Glück gehabt!« Kaum jemand sagt: »Ich habe mir wochenlang/monatelang ein Bein ausgerissen und mich mächtig angestrengt, und irgendwann hat es tatsächlich geklappt!« Dazu sind die meisten zu gut erzogen. Aber wenn du bei »Glück gehabt!« einfach mal nachfragst, »Und wie ist es konkret dazu gekommen?«, wirst du die erstaunlichsten Geschichten hören. Geschichten, die Mut machen, weil sie zeigen, dass das Glück tatsächlich »mit dem Tüchtigen ist«, wie ein altes Sprichwort sagt. Du brauchst also keinen Zufall und kein Glück, um etwas zu erreichen. Du brauchst nur Vorbereitung. Vorbereitung. Und noch mal Vorbereitung. Dann ziehst du die richtigen Dinge in dein Leben.

Nachtrag: Weil es mich so verblüfft, wie viele Menschen sich den Lottoschein förmlich vom Munde absparen, weil sie gegen alle Wahrscheinlichkeit hoffen, dass sie der Lotto-Blitz doch einmal trifft: In meinem Buch *Geld allein ist auch eine Lösung* zeige ich dir, wie du auch ohne Lotto, aber dafür sehr wahrscheinlich Millionär wirst – einfach, indem du dein monatliches Lottogeld sparst, nochmal den gleichen Betrag drauflegst und das Ganze kontinuierlich und über einen langen Zeitraum klug anlegst.

KEIN
# Nachteil
OHNE
# Vorteil

»Kein Nachteil ohne Vorteil« – das ist ein Satz, den meine Mutter immer zu mir gesagt hat und einer der wichtigsten Leitsätze meines Lebens. Er gibt mir die tröstliche Gewissheit, dass alles in meinem Leben letztlich zu meinem Besten geschieht. Vielleicht findest du das krass und sogar abartig, denn wozu soll Schlechtes gut sein? Aber selbst in einer Situation, in der du denkst, »Oh Gott, oh Gott, was ist mir jetzt passiert?« oder »Wie komm ich hier bloß wieder raus!?«, wirst du früher oder später einen Vorteil erkennen. Ein Beispiel: Nach Jahren beim Studentenradio (viel Arbeit, kein Geld) war ich endlich bei einem »richtigen« Radiosender angekommen (viel Arbeit, wenig Geld). Die Euphorie dauerte nur ein paar Monate, dann flog ich bei diesem Lokalsender raus. Die Sendung wurde eingestellt. Weltuntergang! Wozu bitteschön sollte das gut sein?!! Fast hätte ich an meiner Mama gezweifelt. Doch nach ein paar Monaten und etlichen Aushilfsjobs (z. B. als Fahrer für eine Produktionsfirma oder als »Warm-upper«, also Stimmungsmacher vor einer TV-Show) kam ich über Umwege zu Antenne Bayern (erst viel Arbeit, ein bisschen mehr Geld, später viel Arbeit und mehr Geld). Hätte mir der andere Sender nicht die Zusammenarbeit aufgekündigt, wäre ich womöglich nie beim beliebtesten Sender Bayerns gelandet und hätte niemals mit dem beleibtesten Studiotechniker Bayerns, Josef Nullinger, eine Erfolgsgeschichte schreiben können. Oder denk an meine Finanzmisere Mitte 20 mit 35.000 Euro Schulden. Wäre ich nicht ganz am Boden gewesen, hätte mich vermutlich niemals der Ehrgeiz gepackt, finanziell unabhängig zu werden. Statt Millionär wäre ich heute vielleicht Durchschnittsverdiener mit Bausparvertrag.

Also: Alles in deinem Leben geschieht zu deinem Besten. Manchmal siehst du den Vorteil gleich, manchmal siehst du ihn erst nach einem Tag, einer Woche, einem Monat, einem Jahr oder sogar nach mehreren Jahren. »Die Kündigung war im Nachhinein das Beste, was mir passieren konnte!« oder »Ohne den Krebs wäre mir nie klargeworden, wie kostbar das Leben ist.« – Menschen sagen so etwas tatsächlich. Das Wichtigste ist, dass du mit dem Urvertrauen von »Kein Nachteil ohne Vorteil« immer dann, wenn etwas Nachteiliges passiert, sofort danach suchst, was der Vorteil sein könnte. Und damit gewinnst du eine völlig andere Energie. Du gehst weg von Mangel (»Was hab' ich nicht?«) und hin zur Fülle: »Was könnte das Gute daran sein?« Die Dinge in meinem Leben, die mir zum Zeitpunkt ihres Geschehens am schlimmsten erschienen, sind die Dinge, die zu den positivsten Entwicklungen in meinem Leben beigetragen haben. Dieser Satz ist so mächtig, dass ich ihn mir am liebsten irgendwohin tätowieren lassen würde. Auf jeden Fall möchte ich ihn dir in dein Gehirn tätowieren. Der Satz rettet Leben, oder zumindest Lebensfreude. Denk also an mich, wenn du das nächste Mal am Boden zerstört bist. Egal wie schlimm es dir erscheint, was jetzt gerade passiert, es birgt einen Vorteil in sich. Am Anfang ist es vielleicht nur ein kleines Samenkorn, aber mit der Zeit wird vielleicht ein starker Baum daraus, der etwas in dein Leben bringt, was sonst nicht dorthin gekommen wäre.

Umgekehrt ist es natürlich auch so, dass jeder Vorteil einen Nachteil mit sich bringt. Wenn du sagst, »Wow, das ist das Größte, das Beste, was mir je passiert ist!«, wirst du bald feststellen, die Sache hat auch den einen oder anderen kleinen Haken. Vielleicht bist du bei deiner Traumfirma gelandet, aber dort ist der Ton rauer als in der kleinen Klitsche, wo du dich vorher so wohl gefühlt hast. Oder du lebst seit ein paar Wochen da, »wo andere Urlaub machen« und entdeckst nach und nach, dass selbst das Paradies Schattenseiten hat. Also immer ein bisschen Vorsicht mit der Euphorie. Mit etwas mehr Gleichmut kommst du entspannter durchs Leben!

ETWAS NEGATIVES

*entfernen*

MACHT GLÜCKLICHER ALS ETWAS

*Positives*

BEKOMMEN

Okay, das klingt jetzt ein bisschen sperrig. Doch eigentlich ist es ganz einfach: Stell dir beispielsweise vor, du läufst einen Halbmarathon und spürst schon eine ganze Weile ein kleines Steinchen im rechten Schuh. Irgendwann ringst du dich endlich dazu durch anzuhalten und den Stein zu entfernen. Das Gefühl danach ist herrlich – und besser, als wenn du von Anfang an mit einem super funktionalen und extrem teuren Laufschuh und ohne Stein unterwegs gewesen wärst. Das ist natürlich nur ein Bild, mit dem hoffentlich auch Sportmuffel etwas anfangen können. Dass etwas Negatives zu entfernen glücklicher macht, als etwas Positives zu bekommen – dieser Lebenssatz ist mir deswegen so wichtig, weil wir es eher gewohnt sind, Dinge anzuhäufen, in der Hoffnung, uns dadurch besser zu fühlen. Ich habe beispielsweise nie verstanden, warum »Shopping« für ziemlich viele Menschen ein Hobby ist. Ich vermute, eine ganze Reihe von ihnen tröstet sich mit Geld und Konsum über anderen Frust hinweg, z. B. über einen ungeliebten Job. Das Motto ist dann: »Wenn ich mich schon die ganze Woche ins Büro oder an die Werkbank quäle, will ich mir wenigstens am Wochenende was gönnen!« Leider macht auch die schickste Designer-Handtasche oder die coolste Lederjacke nur sehr kurze Zeit glücklich. Wirksamer wäre es, sich einen neuen Job zu suchen, also etwas ziemlich dickes Negatives aus seinem Leben zu entfernen. Das würde dauerhaft für mehr Glücksgefühle sorgen. Und wir würden aufhören, Dinge zu kaufen, die wir nicht brauchen, von Geld, das wir mit widerwillig verbrachter Lebenszeit verdienen.

Ich bin ohnehin der Meinung, dass unser Lebensglück weniger von dem Besitz abhängt, den wir anhäufen, und mehr von schönen Momenten, die wir uns schaffen und genießen. Wenn du etwas kaufen willst, lautet mein Rat daher: Frag dich, ob dieser Kauf etwas Negatives aus deinem Leben entfernt. Dann wird er dich sehr wahrscheinlich längere Zeit glücklich machen. Fügt er dagegen etwas Positives hinzu, ist das Glück oft nur von kurzer Dauer. Ein Kauf, der mich z. B. persönlich sehr lange Zeit und bis heute glücklich macht, ist der Erwerb einer Geschirrspülmaschine. Ich hasse es zu spülen und genieße jedes Mal das Gefühl, einfach auf den Knopf zu drücken. Meinen aktuellen Fernseher durch einen größeren zu ersetzen würde mich dagegen höchstens ein paar Wochen begeistern. Vielleicht ist das bei dir genau umgekehrt, weil du es liebst, Fußball auf einem noch größeren Bildschirm zu gucken, und weil Geschirrspülen dir wenig ausmacht. Solche Entscheidungen sind immer individuell.

»Etwas Negatives entfernen macht glücklicher als etwas Positives bekommen« – dieser Lebenssatz ist also auch eine gute Richtschnur, den eigenen Konsum zu hinterfragen. Kauf am besten nur Dinge, die dich wirklich längere Zeit glücklich machen, weil sie etwas Negatives in deinem Leben verringern oder entfernen. Du sparst jede Menge Geld, das du sinnvoll anlegen kannst – wie du weißt, ein besonderes Anliegen von mir.

Entferne also lieber Dinge, die dich traurig machen, aus deinem Leben, als deine Traurigkeit durch Aktionismus oder Substanzen zu betäuben. Dieser Aktionismus, das kann Konsumaktionismus sein oder auch das x-te Ehrenamt, die hundertste Überstunde oder die dritte Sportart, die du in diesem Jahr ausprobierst; und zu den Substanzen wird dir sicher einiges einfallen, Stichwort »Feierabendbier(kasten)«. Nichts davon macht dich vermutlich glücklich, wenn etwas ganz anderes im Argen liegt.

Gewonnen

ODER

verloren

WIRD IMMER ZWISCHEN DEN

Ohren

Hast du dich schon mal gefragt, warum jeder Profisportler heute einen Mentaltrainer hat? Warum Bundesliga-Fußballer sich nicht nur vom Physiotherapeuten durchkneten lassen, Spielzüge, Ballbeherrschung, Kraft und Ausdauer trainieren, sondern sich auch intensiv um ihre mentale Fitness kümmern? Boris Becker hat mal gesagt: »Gewonnen oder verloren wird zwischen den Ohren.« Wer fest an sich glaubt und auch unter Druck die Nerven behält, gewinnt. Wer an sich zweifelt, der kann selbst dann verlieren, wenn er objektiv sogar bessere Voraussetzungen für den Sieg mitbringt. Und das gilt nicht nur für Boris oder Loddar (Matthäus, für ratlose Fußballverächter) – das gilt für jeden von uns.

Von Vera F. Birkenbihl, einer genialen Expertin für Kommunikation und Motivation, bei der ich mal das Glück hatte, eines der besten Privatcoachings meines Lebens zu bekommen, stammt der Hinweis: »Wir sind keine Gehirnbesitzer, wir sind Gehirnbenutzer.« Okay, bei so manchem könnten einem da Zweifel an beidem kommen, aber grundsätzlich hat sie wohl Recht. 😉 Was die leider früh verstorbene Expertin sagen wollte: Es ist nicht so, dass unser Gehirn bestimmt, was wir denken, wie wir uns fühlen oder eine Situation einschätzen. Es ist vielmehr so, dass wir unser Gehirn in bestimmter Weise einsetzen, und diese Art der »Nutzung« bestimmt dann, wie wir die Dinge sehen. Du entscheidest folglich selbst, wie du die Welt betrachtest. Wenn du morgens aus der Tür trittst und es regnet, kannst du denken: »Sch…regen«. Oder du kannst dich freuen, dass du nachmittags den Garten nicht gießen musst. Und wenn du keinen Garten hast, freust du dich vielleicht für den Wald, der dringend Regen braucht.

Du entscheidest immer, wie du die Welt interpretierst, denn wir sehen die Welt nicht, wie *sie* ist, sondern wir sehen die Welt so, wie *wir* sind. Ich wünschte, diese geniale Formulierung wäre von mir, aber das steht so ähnlich schon im Talmud, einem der bedeutendsten Schriftwerke des Judentums. Der Filter, mit dem du auf die Welt schaust, bestimmt, was du deinem Gehirn mitteilst und wie du es nutzt. Hashtag #nofilter gibt's hier übrigens nicht, irgendeinen Filter benutzen wir immer, ob bewusst oder unbewusst. Theoretisch könntest du ab sofort einen neuen Filter benutzen. Praktisch ist das nicht so leicht, weil in diesem Filter Einstellungen und Denkgewohnheiten stecken, die wir oft schon in Kindertagen erworben haben. »Ich hab immer Pech«, kann so eine Denkgewohnheit sein, oder »Andere sind schlauer (schöner, besser ...) als ich.« So ein Negativfilter ist eine echte Erfolgsbremse. Wenn du dich bei solchen Gedanken ertappst, mach dir bewusst, dass das erst mal nur ein Gedanke ist und mitnichten die Realität. Stimmt das wirklich? Welche Belege hast du dafür? Könnte es nicht auch anders sein? Was du noch tun kannst: Such die Nähe von Menschen, die positiv aufs Leben schauen. Setz dich in der Kantine mal nicht zu den Gewohnheitsjammerern und Permanentmeckerern, sondern zu den Gutgelaunten. Das färbt ab!

Und noch eins: Wertschätze deine Erfolge. Dazu kannst du dir jeden Abend fünf Dinge, die dir an diesem Tag gut gelungen sind, in einem Erfolgstagebuch notieren. Dabei zählen auch vermeintliche Kleinigkeiten: Du warst morgens total geduldig mit deinem Kind, obwohl dich die Trödelei genervt hat. Du hast dir von einem dickfelligen Kollegen einmal keine Arbeit aufbürden lassen. Du hast ein tolles Abendessen gekocht. Wenn du einige Wochen lang so eine positive Tages-Rückschau machst, wirst du merken, wie sich dein Filter langsam aufhellt und wie du dir mehr zutraust.[4] Dein Selbstbewusstsein wächst mit jedem kleinen Erfolgserlebnis. Und du fragst dich irgendwann auch nicht mehr, »Oh Mann, warum passiert immer *mir* sowas?«, sondern du fragst, »Was könnte das Gute daran sein, dass mir das gerade passiert ist?« Du entscheidest jedes Mal und in jeder Situation für dich selbst, was du aus dieser Situation machst, denn du weißt: »Gewonnen oder verloren wird immer zwischen den Ohren.«

AM
Ende
BLEIBEN DIE
Momente

Was ist wirklich wichtig im Leben? Puuh, ganz schöne Hammerfrage, ich weiß. Aber da musst du jetzt durch, denn diese Frage führt zu einem weiteren Lebenssatz, den ich gerne mit dir teilen möchte: »Am Ende bleiben die Momente.« Der Satz begleitet mich schon so lange, dass ich schon gar nicht mehr weiß, wo er herkommt. Ich glaube sogar, er ist mir selbst eingefallen. Du merkst vielleicht schon, der Satz steuert aufs Materielle zu. Die meisten von uns leben in materiellem Überfluss, und wir alle sind permanent umgeben von Kaufanreizen. Überall kleben Werbeplakate, im Fernsehen läuft Werbung, der Spamordner im E-Mail-Postfach quillt über. Wir sehen ganz viele Dinge, die wir gerne haben möchten. Wir wollen das neue iPhone, wir wollen ein neues Auto, einen neuen Computer, neue Klamotten, eine neue Uhr. Wir wollen neu, neu, neu, alles neu. Dabei gibt es eine Studie, die besagt, dass dein Glückszustand, nachdem du etwas Neues gekauft hast, auf das du dich wahnsinnig freutest, maximal drei Monate anhält. Danach fällst du wieder zurück auf Los, also auf das Glückslevel, auf dem du vorher warst. Selbst wenn du dich für das neue iPhone nachts um drei vor dem Äppel-Laden angestellt und dir den Allerwertesten abgefroren hast, macht das neue Gerät dich sehr wahrscheinlich nur ein Vierteljahr glücklich. Dafür reißt es ein ganz schönes Loch in die Haushaltskasse.

Ich bin kein Konsumgegner, ich sage nicht: »Du sollst leben wie ein Eremit und wie ich alte T-Shirts tragen, und Konsum ist immer böse.« Überhaupt nicht. Ich bin der Meinung, dass wir uns gerne Dinge gönnen dürfen, wenn wir der Meinung sind, dass wir sie brauchen. Nur habe ich für mich exakt die Erfahrung gemacht, die in der Studie beschrieben wird. Viele Dinge, die ich ganz früher noch voller Freude und Euphorie mit »Juhu, das will ich!« gekauft habe, lagen nach ein paar Monaten in der Ecke oder verstaubten im Regal. Wir gewöhnen uns sehr schnell an Neues, oder wir stellen fest, dass es so toll dann doch nicht ist. Deswegen bin ich dazu übergegangen, meine Freude eher in Erlebnissen zu suchen, also nicht in einem schicken Auto oder in einem neuen Smartphone, sondern in schönen Momenten – zusammen mit meiner Partnerin, mit Freunden oder mit der Familie. Das kann ein Abend in einem tollen Restaurant sein oder auch im Biergarten. Das kann der Campingurlaub am Meer sein oder die Tour mit dem alten Rennrad über die Alpen. Für dieses Fahrrad bekäme ich von der Versicherung keinen Cent mehr, würde es mir geklaut. Doch die Erinnerungen an die Tour mit einem meiner besten Freunde sind unbezahlbar, auch wenn wir teilweise bis auf die Unterhose nass geregnet wurden und uns auf dem Brenner die Finger rot gefroren haben.

Das sind die Dinge, an die wir oft noch Jahre und Jahrzehnte später zurückdenken. Das sind die Momente, an die wir uns am Schluss unseres Lebens erinnern werden. Ich glaube nicht, dass irgendjemand auf dem Sterbebett an das schöne neue Auto denkt, das er sich mal gewünscht und dann auch tatsächlich gekauft hat. Eher denkt man an den Campingurlaub, in dem so viel schief gegangen ist, dass man am Ende nur noch drüber lachen konnte und dachte: »Oh Gott, oh Gott, wo ist hier die versteckte Kamera?!« Deswegen mache ich dir folgenden Vorschlag: Wenn du das nächste Mal viel Geld ausgeben willst für etwas, von dem du denkst, dass du es »unbedingt brauchst«, halt einen Moment inne und überleg dir, »Hey, was könnte ich denn stattdessen mit dem Geld anfangen? Könnte ich es vielleicht in ein schönes Erlebnis investieren? Oder könnte ich sogar schöne Momente in mein Leben holen, für die ich gar kein Geld brauche?« Du weißt ja: »The best things in life are free.« Ganz viele von denen zumindest. Natürlich könntest du dir auch die Frage stellen, ob es nicht sinnvoller wäre, das Geld erst mal zu sparen und für ein paar Jahre anzulegen, um dann mit Geld im Überfluss sehr viel mehr sehr schöne Momente erleben zu können.

# AUSBLICK

## WIE DU GELD IN DEIN LEBEN ZIEHST

Auch beim Thema Geld gilt: »Gewonnen oder verloren wird zwischen den Ohren.« Nicht deine Herkunft, dein Monatseinkommen oder ein mögliches Erbe bestimmen, ob du dein Geld vermehren und ein Leben ohne Geldsorgen und in finanzieller Freiheit führen kannst – entscheidend ist deine Haltung zum Geld. Wenn du eine positive Einstellung zum Thema Geld hast, es wertschätzt und optimistisch bist, dass auch für dich Geld im Überfluss da ist, wirst du mehr Geld in dein Leben ziehen. Sei nicht geizig oder knickrig, handle aus der Fülle heraus, spende für andere, auch wenn es nur kleine Summen sind. Verlass dich gleichzeitig nicht auf bloßes Glück (ein Erbe oder gar einen Lottogewinn), sondern geh gezielt vor: Spare, leg dein Geld an, auch wenn es zunächst nur überschaubare Beträge sind. Es gibt z. B. einen einfachen Spar-Turbo, den jeder einsetzen kann. Er heißt: »Ich geb' keinen Fünfer mehr her!« Wenn du ab sofort jeden Fünf-Euro-Schein, der zufällig in deinem Geldbeutel landet, in ein Sparschwein steckst, legst du damit den Grundstein für ein kleines Vermögen, ohne dass dir wirklich etwas fehlt. Und vergiss nicht: Am Ende machen dich schöne Erlebnisse, die du mit anderen teilst, dauerhaft glücklicher als manche kostspielige Shopping-Tour. Denn am Ende bleiben die Momente!

Dein Umgang mit Geld beeinflusst dein ganzes Leben. Und weil das Thema Geld so wichtig ist, geht es in den folgenden Lebenssätzen genau darum.

# GELD:

## DIE LÖSUNG FÜR VIELE PROBLEME

Nein, Geld ist nicht alles. Trotzdem ist Geldhaben etwas sehr Schönes. Wer sich ums Geld keine Sorgen machen muss, der muss auch nicht ständig an Geld denken. Er kann einfach sein Leben leben, so wie er's halt möchte. Viele Alltagsprobleme lassen sich mit Geld aus der Welt schaffen. Und das ist ein ziemlich erstrebenswerter Zustand, finde ich. Dabei spreche ich aus eigener Erfahrung. Ich war arm, ich war pleite, ich war sogar mal hoch verschuldet. Heute bin ich wohlhabend. Und ich kann dir versichern: Reich ist definitiv besser als arm!

Wie das funktioniert mit dem Reichwerden, das bringe ich heute als Geld-Mentor anderen Menschen bei. Das geht nicht über Nacht, und es gibt auch kein Wundermittel. Wer verspricht, dir schnell zu einem großen Vermögen zu verhelfen, der wird dich ziemlich sicher um ein kleines Vermögen erleichtern. Der erste Schritt zum Reichtum ist eine positive Haltung zum Thema Geld. Der zweite Schritt ist Ausgaben-Disziplin. Dann folgen Geld-Wissen, die richtigen Geldanlagen und Durchhaltevermögen. Die Mindset Minuten in diesem Abschnitt drehen sich vor allem um deine Einstellung zum Geld und zum Geldausgeben. Denn reich wirst du nicht nur durch das, was reinkommt, sondern auch durch das, was gar nicht erst rausgeht. Also anschnallen und los!

# GELD

## ALS ETWAS GUTES SEHEN – SAG:

## »ICH LIEBE GELD!«

Vielleicht kriegst du gerade einen Knoten in die Zunge. »Ich liebe Geld!«??? ☹☹☹ Ja, da fallen die folgenden Sätze schon leichter, oder?: »Ich liebe schnelle Autos« 😊, »Ich liebe guten Rotwein« 😊, »Ich liebe Schmuck« 😊, das lassen wir noch durchgehen. Aber Geld?! Vernachlässigen wir für einen Moment, dass weder Rotwein noch Schmuck noch Sportwagen ohne Geld zu haben sind. Jedenfalls nicht auf legale Weise. Das Bekenntnis (die Erkenntnis?), Geld zu mögen, klingt für viele ordinär, bestenfalls merkwürdig. Ich bin sicher: Aufgrund dieser Haltung haben die meisten Menschen auch so wenig davon. Geld kommt nur zu Menschen, die Geld mögen.

Warum ist das so? Es ist ganz einfach: Wenn du dich dabei ertappst, dass du Glaubenssätze hast wie »Geld ist nicht alles«, »Geld verdirbt den Charakter«, »Reiche Menschen sind schlechte Menschen«, speichert dein Unterbewusstsein genau das ab. Und dein Unterbewusstsein wird dich immer daran hindern wollen, ein schlechter Mensch zu werden. Stattdessen wird es dir dabei helfen, ein guter Mensch zu bleiben – knapp bei Kasse, aber moralisch einwandfrei. Ein früherer Berliner Bürgermeister brachte das mal auf den Glaubenssatz, seine Stadt sei »arm, aber sexy«. Viele fanden den Spruch toll, ich fand ihn schon immer bescheuert. Denn vermutlich genau diese Denke hat kräftig dazu beigetragen, die kratertiefen Löcher im Berliner Haushalt lässig hinzunehmen und noch zu vergrößern. Was spricht denn dagegen, »reich und sexy« zu sein? Wäre mir jedenfalls lieber.

Wenn du dir einredest, Geld ist schlecht, wirst du auch kein Geld in dein Leben ziehen und folglich immer wenig Geld haben. Dafür sorgt schon das Universum. Für den Fall, dass du es gern etwas weniger esoterisch hast, kann ich es auch so formulieren: Deine Haltung bestimmt deine Handlungen, und dein Handeln bestimmt dein Leben. Wenn dir Geld vermeintlich nichts bedeutet …

… wirst du beispielsweise weniger gut verhandeln (um Honorare, um eine Gehaltserhöhung, um Rabatte beim Einkauf usw.),

… lässt du dich eher über den Tisch ziehen von Menschen, die gern Geld haben (bzw. Geld gernhaben),

… wirst du dich weniger intensiv um deine Geldangelegenheiten kümmern,

… kommst du eher nicht auf die Idee, dich in Geldfragen unabhängig beraten zu lassen oder Bücher zu kaufen, die dich schlauer machen,

… haust du manchmal Geld raus für Dinge, die du eigentlich gar nicht brauchst und für die im Nachhinein dein Geld eigentlich zu schade war.

Verabschiede dich also lieber heute als morgen von deinen negativen Glaubenssätzen zum Thema Geld. Den Glaubenssatz positiv umzuformulieren ist dabei ein erster wichtiger Schritt. Also zum Beispiel: »Geld ist gut!«, »Reiche Menschen sind tolle Vorbilder!«, »Mit Geld kann ich Gutes tun, mir selbst und anderen.« Je stärker du diese Haltung lebst, desto mehr Geld wirst du in dein Leben ziehen. Fülle zieht Fülle an, Mangelgedanken (wie »Geld macht nicht glücklich«) ziehen Mangel an. Und Geld ist schlicht gedruckte Freiheit. Es erlaubt dir, Dinge zu tun, die du sonst nicht tun könntest. Oder wie eine kluge Autorin, Ayn Rand, mal sagte: »Geld ist nur ein Werkzeug. Es bringt dich überall hin. Aber es ersetzt dich nicht als Fahrer.«

Also: Nimm das Steuer in die Hand! Und zahl auch gerne Steuern an unser Land. Ebenfalls ein weit verbreiteter Mangelgedanke. »Was? Eine Wohnung kaufen und Miete kassieren? Da muss ich doch dann Steuern drauf zahlen!« Ich zahle gern Steuern. Im Idealfall möglichst viel, denn dann habe ich auch viel verdient. Wie ist es bei dir?

# Billig kaufen?

## DAS KANN ICH MIR NICHT LEISTEN!

Ein vermögender Freund von mir sagt regelmäßig: »Billig kaufen?! Das kann ich mir nicht leisten!« Der Grund dafür ist nicht, dass er wie Dagobert Duck, der geizigste Enterich in Entenhausen, seine Goldtaler am liebsten hortet. Im Gegenteil: Dieser Freund trägt zum Beispiel handgenähte Schuhe für über 1.000 Euro das Paar. Trotzdem gibt er unterm Strich wahrscheinlich weniger Geld für Schuhe aus als die meisten Menschen, die am Samstagmorgen in der Fußgängerzone mal eben das Schuh-Schnäppchen für 99 Euro mitnehmen, weil am Frühstückstisch jemand gemein zu ihnen war. Die preisgünstigen Schuhe wandern nach einem Jahr, spätestens nach zweien, in den Container. Die handgenähten Schuhe dagegen werden alle paar Jahr besohlt und halten praktisch ewig, mindestens aber 15, 20 Jahre. In dieser Zeit geht bei Schnäppchenjäger*innen ein Mehrfaches an Geld für Schuhe drauf. In manchen Schuhschrank wird mehr Geld versenkt als im Spielcasino. Die »teuren« Schuhe dagegen werden gut gepflegt (eben, weil sie etwas Besonderes sind), und sie werden mit der Zeit immer schöner. Die bekommen eine schöne Patina wie eine antike Bronzestatue.

Was für Schuhe gilt, trifft auch auf viele andere Gebrauchsgegenstände zu. Eine »billige« Uhr gibt irgendwann den Geist auf oder verschwindet in irgendeiner Schublade. Eine »teure« Rolex lässt sich nach Jahren sogar mit Gewinn verkaufen oder einem der Kinder vererben. Solche Uhren werden oft über Generationen weitergegeben. Das »günstige« Bett aus dem großen schwedischen Möbelhaus mit den vier blauen Buchstaben beschert dir erst einen haareraufenden Nachmittag beim Zusammenbasteln und dann Rückenschmerzen. Das »teure« Bett mit perfekt auf dich angepasster Qualitätsmatratze erspart dir nicht nur Schlepperei und Aufbaustress, es lässt dich auch besser schlafen – was für sich genommen schon unbezahlbar ist –, und es begleitet dich bei jedem Umzug. Das »billige« T-Shirt für 5,99 Euro verliert nach der dritten Wäsche die Form. Das »teure« T-Shirt für 49 Euro wäschst du hundertfünfzigmal und trägst es jahrelang. Das freut nicht nur dich, sondern auch die Umwelt.

Im Grunde genommen geht es hier darum, wie und was du konsumierst. Dein Konsum ist neben der Art, wie du dein Geld anlegst, der wichtigste Einflussfaktor für deine finanzielle Lage. Was rausgeht und was reinkommt entscheidet darüber, was drinbleibt. Reich wirst du durch das Geld, das du *nicht* ausgibst. Du kennst mich vielleicht als Sparfuchs. In meinem Buch *Geld allein ist auch eine Lösung* gibt es ein ganzes Kapitel dazu, warum man kein Geld ausgeben sollte für Dinge, die man nicht braucht, um Menschen zu beeindrucken, die man nicht mag (und die, nebenbei bemerkt, einen selbst oft auch nicht mögen). Sparen heißt aber nicht, knickerig zu sein, sich nichts zu gönnen und immer mit dem Billigsten zufrieden zu sein. Sparen bedeutet, sein Herz erstens nicht an Statussymbole zu hängen, die einen auf Dauer nicht glücklich machen. Und zweitens nicht den »Sonderangeboten« und »Schnäppchen« auf den Leim zu gehen, die langfristig betrachtet Geldverschwendung sind.

Das günstigste Schnäppchen ist und bleibt das Schnäppchen, an dem du vorbeigehst, da sparst du sofort 100 Prozent. Mach also den Füchsen von der Werbefraktion eine lange Nase, wenn sie dich mit immer neuen Tricks in die Falle locken wollen: Rabattgutscheine, Scheinrabatte auf Mondpreise und auf »alles, außer Tiernahrung«, zwei kaufen/eins bezahlen, befristete Aktionen (die dann doch fast jedes Mal verlängert werden). Oder der beliebteste Trick im Internet: »Nur noch zwei auf Lager«, damit du ganz schnell mit dem Zeigefinger zuckst und den elektronischen Warenkorb füllst. Dafür haben die jahrelang studiert, um dann arglose Konsumenten zu übertölpeln! Aber wir zwei sind schlauer, gell?

SAG NIE:
»Das kann ich mir nicht leisten.«
SAG STATTDESSEN:
»Das will ich mir nicht leisten« oder: »Wie kann ich mir das leisten?«

Apropos »handgenähte Schuhe« (siehe Kapitel 19): Vielleicht hast du spontan gedacht, »Das kann ich mir nicht leisten.« Diesen Satz möchte ich dir gerne »austreiben«. Sag das bitte zukünftig nie mehr, wenn du etwas wirklich gerne haben möchtest (also auch noch beim zweiten und dritten Nachdenken und nicht nur heute, sondern auch noch in drei Wochen oder drei Monaten). Sag stattdessen: »*Wie* kann ich mir das leisten?« Und dann mach dir eine Liste möglicher Lösungen. Das wird dein Leben verändern, versprochen! Diese Vorgehensweise gilt übrigens für alle Lebensbereiche.

Viele Menschen behaupten regelmäßig, dieses oder jenes sei für sie finanziell unerreichbar. Oft haben sie als Kind immer wieder den Spruch gehört: »Sowas können wir uns nicht leisten« – ganz so, als sei das ein Naturgesetz. In Wahrheit ist es eine resignierte Floskel, die jedes Nachdenken abwürgt und den Status quo einbetoniert. Dein innerer Schweinehund ist begeistert, wenn du so etwas sagst: »Super! Alles nicht zu ändern! Schnell zurück in die muckelige Hundehütte und weitergedöst!«

»Das kann ich mir nicht leisten« ist die Ausrede der Bequemen. Fragst du dich stattdessen, »*Wie* kann ich mir das leisten?«, veränderst du deine Perspektive, weg vom Mangel und hin zur Fülle. Du suchst Möglichkeiten, statt den Fokus auf Defizite zu legen. Und du weißt ja: Mangel erzeugt Mangel, Fülle erzeugt Fülle. Dein Unterbewusstsein hilft mit und zeigt dir Wege, sobald du die Wie-Frage stellst. Dein Denken geht in eine völlig andere Richtung. Und wenn du dich dann noch hinsetzt und dir eine Ideenliste machst, wie du deine finanziellen Möglichkeiten verbessern kannst, bist du unschlagbar. Ideen können sein: Nach einer längst fälligen Gehaltserhöhung fragen. Bestimmte Ausgaben reduzieren. Ungenutzte Zimmer vermieten oder Garagen und Kellerräume als Lagerfläche anbieten. Neue Kunden gewinnen. Dich von bestimmten Dingen trennen und sie übers Internet verkaufen. Einen Nebenjob annehmen. Und am besten gleich mehrere dieser Maßnahmen auf einmal. Und wenn du dich fragst, woher du die Zeit nehmen sollst, verkauf als Erstes deinen Fernseher.

Dabei ist es eigentlich egal, was du dir leisten möchtest – einen tollen Urlaub, ein Seminar oder Mentoring, dein Traumauto, eine teure Uhr oder eine eigene Wohnung. Die meisten Menschen, die sich das heute leisten können, kannten auch eine Zeit, wo das noch nicht ging. Und nein, die haben nicht alle »reich geerbt«, sondern meistens nur konsequent ihre finanziellen Möglichkeiten verbessert. Und dann gibt es einen erstaunlichen Effekt: Sobald man eigentlich könnte, *will* man sich bestimmte Dinge nicht mehr leisten. Dann reicht einem plötzlich das wohlige Gefühl, »Ich könnte, wenn ich wollte«. Mehr dazu im nächsten Kapitel.

PS: Ausnahmen bestätigen wie immer die Regel. Das Einzige, was du dir wirklich »nicht leisten kannst« ist, billig zu kaufen – siehe Kapitel 19.

ETWAS NICHT BESITZEN
ZU WOLLEN IST GENAUSO GUT,
WIE ES ZU BESITZEN

»Porsche?! So eine Angeberkarre brauche ich nicht. Das ist doch nur was für alte Säcke, die sonst keine Frau mehr abschleppen können.« Vielleicht hast du so was auch schon mal gehört. Mich erinnert das an die Typen, die an einem bildschönen Supermodel vorbeigehen und dann behaupten: »Die würd' ich gar nicht wollen. Die wär' mir viel zu perfekt.« Wenn du mich fragst, spricht da der reine Trotz. Ob Superauto oder Superfrau, beides steht aktuell sowieso nicht zur Debatte. Und um diesen Mangel ertragen zu können, redet der Sprecher sich ein, er würde eh' keinen Wert darauf legen. Das ist wie in der Sandkiste, wo der eine Knirps ruft: »Ätsch, ich kann pfeifen und du nicht!« Und der andere Knirps zurückkräht: »Bätsch, ich will ja gar nicht pfeifen können, du Blödi!!« Der Fachbegriff dafür ist übrigens Verringerung der kognitiven Dissonanz. Wir wollen innere Zwiespälte minimieren, indem wir uns einreden, dass wir das, was wir eigentlich gern hätten, gar nicht wollen.

Ich habe jahrelang von einem 911er Porsche geträumt, und ich finde immer noch, das ist ein toll designtes Auto. Ich gönne jedem Porschefahrer, jeder Porschefahrerin den Spaß. Das war auch schon früher so, als ich jeden Cent mehrfach umdrehen musste und von einem Porsche so weit weg war wie der Studiotechniker Nullinger von Brad Pitt. Inzwischen könnte ich mir mein Traumauto problemlos kaufen. Will ich aber nicht mehr, weil ich stattdessen mein Geld lieber investiere in etwas, das mir Geld zurückbringt: Aktien, Immobilien, NFTs, DeFi-Protokolle, die Zinsen ausspucken, was auch immer. Ich sage immer »Spare Geld und kauf dir Einkommen.« Doch allein der Gedanke, dass ich jederzeit könnte, wenn ich wollte, reicht mir, um andere mit ihren Porsches noch gelassener als früher an mir vorbeibrettern zu lassen.

Es macht einen Unterschied, ob du anderen etwas neidisch missgönnst (ob Haus, Auto, Job, Erfolg), oder ob du gelassen darauf verzichtest, weil dir anderes wichtiger ist. »Ich könnte, wenn ich wollte« ist ein schönes, warmes Gefühl. Du bist in der Fülle, gelassen und souverän. Du könntest, wenn du wolltest, das von der Presse gehypte neue Sternerestaurant ausprobieren. Du entscheidest dich trotzdem lieber für den netten Italiener um die Ecke, wo das Essen lecker und die Atmosphäre familiär ist. Du brauchst es nicht für dein Ego, im Spitzenrestaurant gesehen und vom Koch höchstselbst begrüßt zu werden. Denn das ist der eigentliche Knackpunkt bei vielen Konsumwünschen: Brauchst du etwas, weil es dir Spaß machen würde, weil du es für dich selbst genießen willst? Oder brauchst du es für dein Ego, als Statussymbol, letztlich als Selbstwertkrücke? Wenn du etwas wirklich gerne haben möchtest, hast du immer die Möglichkeit, dir zu überlegen: »Wie kann ich mir das leisten?«, und dann konkrete Schritte zu unternehmen, damit dieser Herzenswunsch wahr wird (siehe Kapitel 20). Wenn du andere beeindrucken willst, bist du auf einem gefährlichen Terrain, denn so viele Statussymbole kannst du gar nicht kaufen, dass dein Ego dauerhaft zufrieden ist. Es wird immer einen oder eine geben, der oder die noch mehr hat. Denkst du, Bill Gates ist neidisch auf Elon Musk?

Ich bin mir also sicher: Etwas nicht besitzen zu wollen ist genauso gut, wie es zu besitzen. Für dich, für dein Lebensglück, für deinen Seelenfrieden. Ich habe schon früher, als ich weniger vermögend war, in der Kaffeepause bei Antenne Bayern mit Genuss den aktuellen Media-Markt- oder Saturn-Prospekt durchgeblättert und grinsend gesagt: »Auch diesen 88-Zoll-Super-Flachbildschirm-Fernseher mit integriertem Pipapo und Sowieso-Soundsystem zum Preis von nur 2.999,99 Euro brauche ich wieder nicht!« Mir scheint, Statussymbole werden umso unwichtiger, je leichter sie für einen zu haben sind. Und je unerreichbarer sie sind, desto begehrenswerter werden sie – ein bisschen wie beim Scheinriesen Tur Tur bei Jim Knopf: Der ist aus der Ferne betrachtet riesengroß und schrumpft beim Näherkommen auf wenig spektakuläres Normalmaß.

»Wenn Sie Dinge kaufen, die Sie nicht brauchen, müssen Sie bald Dinge verkaufen, die Sie brauchen.«

(Warren Buffett)

Warren Buffett ist einer der reichsten Menschen der Welt. Am 25. April 2022 betrug sein Vermögen laut *Forbes* 122 Milliarden Dollar, also über 113 Milliarden Euro.[5] Buffett ist zugleich einer der erfolgreichsten Investoren weltweit. Er wird auch »das Orakel von Omaha« genannt – »Orakel« wegen seines prophetischen Finanz-Instinkts, »Omaha« aufgrund seines Wohnortes im Bundesstaat Nebraska im Mittleren Westen der USA. In Omaha lebt Buffett bis heute in einem vergleichsweise bescheidenen Bungalow, den er 1958 für 31.500 US-Dollar kaufte.[6] Er wohnt also nicht auf einem Luxusanwesen in Beverly Hills zwischen Jennifer Lopez und Beyoncé und auch nicht auf einer eigenen Insel, obwohl er sich beides locker leisten könnte. Von außen betrachtet, könnte Buffetts Haus auch einem Sparkassendirektor oder einer Zahnärztin gehören. Angeblich soll der Investor gesagt haben, er sei glücklich dort, und hätte er das Gefühl, er wäre anderswo glücklicher, wäre er ausgezogen.

Bemerkenswert: Während der heute über 90 Jahre alte Buffett immer noch mit dem zufrieden ist, was er sich bereits als Youngster von 28 Jahren leisten konnte, lautet das Motto weniger Wohlhabender häufig: »Aber schön wär's schon.« Man »braucht« zwar keinen neuen Riesen-Flachbildschirm, »aber schön wär's schon«. Wer sonst kann beim Bundesligaspiel hautnah den Schweißtropfen der Profis beim Perlen zuschauen? Auch ein Auto mit noch mehr PS braucht eigentlich niemand. Aber »man gönnt sich ja sonst nichts«. Ist dir schon mal aufgefallen, dass das vor allem Menschen sagen, die sich andauernd irgendwas gönnen und oft pleite sind? Ich kenne Menschen, die hoffnungslos überschuldet sind und sich den dritten Hund gönnen, während der Gerichtsvollzieher schon im Anmarsch ist. Plötzlich reicht das Geld nicht mal mehr, um den eigenen Kühlschrank zu füllen, geschweige denn für Tonnen von Hundefutter. Solche Menschen mag Buffett im Auge gehabt haben, als er warnte: »Wenn Sie Dinge kaufen, die Sie nicht brauchen, müssen Sie bald Dinge verkaufen, die Sie brauchen.«[7] Das kann das Auto sein, das man dringend für den Arbeitsweg braucht. Der Computer, ohne den weder Homeschooling noch

Homeoffice funktioniert. Oder die eigene Immobilie, in der endlich genug Platz für die Familie war.

Mit Warren Buffett empfehle ich dir deshalb: Frag dich bei jeder Anschaffung: »Brauche ich das jetzt wirklich?« Und dann hinterfrag mal alle fünf Worte einzeln: BRAUCHE ich das? Brauche ICH das? Brauche ich DAS? Brauche ich das JETZT? Brauche ich das jetzt WIRKLICH? (Das ist nicht von mir, aber ich weiß nicht mehr, wo ich's gelesen habe. Wenn sich der nachweisliche Erfinder bei mir meldet, bekommt er ein Buch geschenkt und wird als Quelle genannt.) Lautet die Antwort bei einer dieser Fragen »ja«, schlag nicht sofort zu, sondern warte mindestens drei Wochen. Ist dein Wunsch dann immer noch akut, sei dir im Klaren über die Folgekosten. Ein Auto kostet eben nicht nur den Kaufpreis, sondern Versicherung, Benzin, Inspektion, Parkgebühren ... Stell sicher, dass du alle diese Kosten auch dann noch bedienen kannst, wenn der Kühlschrank den Geist aufgibt oder der Heizölpreis steigt. Last but not least: Beherzige eine der wichtigsten Geldregeln, die ich kenne: Geld ist erst zum Ausgeben da, wenn es tatsächlich auf dem Konto ist und alle Steuern, Gebühren und regelmäßigen Kosten runter sind! Ein weiser Franzose, der Philosoph Jean-Jacques Rousseau, sagte mal:

»Das Geld, das man hat, verhilft uns zu Freiheit. Das Geld, dem man nachjagt, macht uns zu Knechten.« Und das ist ebenso salbungsvoll wie zutreffend.

Was ist dein größter
Hebel?

»Gebt mir einen festen Punkt im All, und ich werde die Welt aus den Angeln heben«, behauptete Archimedes, ein griechischer Mathematiker und Physiker, schon vor sehr langer Zeit. Wenn heutige Physiklehrer*innen annähernd gut formulieren könnten, wären die Physikkurse an der Uni vermutlich nicht ganz so leer. Was der alte Grieche im Sinn hatte, ist die enorme Kraft, die ein genügend langer Hebel uns gibt. Nimm eine Brechstange: Der Kraftarm, den man packt, ist im Vergleich zum kurzen Lastarm, der in die Türfalz geklemmt wird, sehr viel länger. Das sorgt dafür, dass der Einbrecher sein Auskommen hat, denn mit diesem simplen Hebel kann er eine Tür auch ohne große Muskelkraft aus den Angeln heben. Das funktioniert aber nur, wenn er dabei festen Stand hat und beispielsweise nicht auf einem kippeligen Brett balancieren muss. Woran Archimedes' Gedankenspiel mit der Erde in der Praxis bis heute scheitert. Ich denke aber, Elon Musk arbeitet schon an einer Lösung.

Von der Hebelwirkung hören die meisten in der Schule. Leider vergessen wir das in der Regel genauso schnell wie den übrigen Kram, den wir im pubertären Dämmerschlaf im Physikunterricht an uns vorbeiziehen lassen. Dabei könnte die Hebelwirkung eine Lektion fürs Leben sein: Wer den richtigen Hebel ansetzt, wird viel mehr erreichen als ohne dieses Werkzeug. Beispiele:

*1) Du suchst eine bezahlbare Immobilie.*

Du könntest jetzt Suchanzeigen in diversen Immobilienportalen schalten, Anzeigen studieren, Makler kontaktieren. Oder du setzt den wirksamsten Hebel an: Du bittest deinen Bruder, der im Seniorenheim arbeitet, die Ohren offen zu halten, denn viele ältere Menschen finanzieren ihren Umzug dorthin mit dem Verkauf ihres Hauses oder ihrer Wohnung.

*2) Du bist ständig knapp bei Kasse und willst deine Ausgaben reduzieren.*

Da bringt es vergleichsweise wenig, wenn du die Butter zukünftig nur noch im Sonderangebot kaufst. Damit sparst du im Monat vielleicht 3 Euro. Ganz anders sieht es aus, wenn du dir den Coffee to go abgewöhnst und dir morgens ein Brot schmierst, statt dir jeden Morgen auf dem Arbeitsweg zum Kaffee noch eine belegte Semmel aus der Bäckerei zu gönnen. Damit sparst du schon ca. 6 Euro am Tag. Unter Abzug deiner Selbstkosten beim Supermarkt-Einkauf kommst du damit auf rund 100 Euro Ersparnis im Monat beziehungsweise über 1.000 Euro im Jahr. Ein noch größerer Hebel ist, auf ein Auto zu verzichten und stattdessen Rad zu fahren oder Bus und Bahn.

*3) Du bist selbstständig und dein Business dümpelt vor sich hin.*

Du bekommst zwar viele Anfragen und schreibst viele Angebote, aber nur selten wird tatsächlich ein Auftrag daraus. Der größte Hebel, das zu ändern, ist dann *nicht*, deine Website aufzuhübschen, dir einen neuen Anzug oder ein größeres Auto für bessere Repräsentation zu kaufen. Sondern dich zu fragen, wie du mit kluger Werbung oder guten Kontakten im Bekanntenkreis die richtige Zielgruppe erreichst oder was bei deiner Kundenansprache falsch läuft. Liegt es an deiner Preisgestaltung? Weißt du überhaupt, wer genau deine Zielgruppe ist? Solltest du dein Angebot anders aufsetzen? Oder liegt es am persönlichen Auftreten?

Egal, was du planst: Überleg dir vorher, was dein größter Hebel ist. Wenn dein Chef unzufrieden mit dir ist, bringt es dir wenig, im Meeting öfter zu nicken – der stärkste Hebel wäre schlicht, dich wertvoller zu machen, indem du beispielsweise mehr Kunden bringst. Und wenn du abnehmen willst, ist der eigentliche Hebel nicht der eine Würfel Zucker im Kaffee, sondern die Sahnetorte, die du dazu verdrückst.

# AUSBLICK

## WARUM DU UNBEDINGT DEN UNTERSCHIED ZWISCHEN EINER AUSGABE UND EINER INVESTITION KENNEN SOLLTEST

Zum Thema Geld gäbe es natürlich noch jede Menge mehr zu sagen. Und ich möchte dich nicht aus diesem Thema entlassen, ohne dir zumindest das mit Abstand allerwichtigste Geld-Gesetz zu verraten. Dieses Gesetz ist zugleich ein sehr starker Hebel für deinen Vermögensaufbau. Also, höre die Botschaft: Es ist nicht egal, wofür du Geld aus der Hand gibst. Unterscheide dabei immer zwischen einer *Ausgabe* und einer *Investition*. Eine Ausgabe kostet dich Geld. Eine Investition bringt dir Geld, entweder sofort oder auf längere Sicht. Oder sie bringt dich zumindest deinem Ziel näher.

Eine neue Jacke, ein neues Smartphone, ein neues Auto, das alles sind Ausgaben. Sie kosten dich Geld, das weitgehend verloren ist. Die Jacke wandert irgendwann in die Kleidersammlung oder zu Oxfam, das Smartphone in die Schublade, und das Auto erzielt beim Verkauf nur noch einen Bruchteil des Neuwagenpreises. Du hast damit Geld ausgegeben. Kaufst du dagegen eine Immobilie in begehrter Lage, die mit hoher Wahrscheinlichkeit an Wert gewinnen wird, ist das eine Investition. Dasselbe kann für eine teure Uhr gelten oder ein Designermöbel, wenn beide Gegenstände sich mit Wertzuwachs wieder verkaufen lassen. Lüg dir dabei nicht in die Tasche – sowas kannst du im Internet recherchieren.

Während Ausgaben dein Geld *verbrauchen*, eignen sich Investitionen also dazu, dein Geld zu *vermehren*. Es wird dich nicht überraschen, dass reiche Menschen lieber investieren als Geld ausgeben. So sind sie schließlich reich geworden! Und es gibt kein Gesetz, das dir verbietet, es ebenso zu machen. Wie schon gesagt, spare Geld und kauf dir Einkommen.

PS: Im weiteren Sinne bringt eine Investition dich deinem Ziel näher, habe ich eingangs gesagt. Es geht also nicht nur um Geldvermehrung. Denn auch eine neue Jacke kann eine Investition sein, wenn du damit im Vorstellungsgespräch oder beim Rendezvous eine gute Figur machst. Allerdings solltest du nicht allzu kreativ im Erfinden von Gründen werden, warum X oder Y eine positive Wirkung auf deine Ziele haben könnte …

# BERUF:

## DIE QUELLE DEINES WOHLSTANDS

Im Job verbringen die meisten Menschen rund 65.000 Stunden ihres Lebens (bei einer 35-Stunden-Woche, 46 Arbeitswochen pro Jahr und 40 Arbeitsjahren). Würden sie pro Arbeitsstunde auch nur einen Kilometer laufen, kämen sie damit locker anderthalbmal um den Erdball. Grund genug, auch dann über dein Auftreten und deine Zufriedenheit im Beruf nachzudenken, wenn »Karriere« für dich nicht das Maß aller Dinge ist.

Dein Erfolg entscheidet sich dabei nicht zwischen Stellenbeschreibung und Weiterbildungsmaßnahme, sondern zwischen den Ohren. Mit anderen Worten: Dein Mindset ist entscheidend, deine innere Einstellung. Gehörst du zu denen, die am Arbeitsplatz Schilder aufhängen mit Maximen wie »Ich bin auf der Arbeit und nicht auf der Flucht« oder »Wir sind hier nicht bei Wünsch-dir-was, sondern bei ›So isses!‹.«? Oder zu denen, die auch mal die sprichwörtliche Extrameile für den Kunden oder die Firma gehen?

Ob du bremst oder mit anschiebst: Energie kostet beides. Nur macht das Anschieben auf Dauer mehr Spaß. Im Folgenden ein paar Gedanken dazu.

WEG VON
»Was brauche ich?«
UND HIN ZU
»Was brauchen andere?«
(KUNDE/CHEF/FIRMA)

Kennst du das absolute Killer-Argument in einer Gehaltsverhandlung? Also den Satz, der deinen Erfolg mit Sicherheit killt? Ganz oben auf der Liste steht für mich: »Wir haben gebaut!« Dicht gefolgt von »Meine Frau ist schwanger!« oder »Mein Mann hat seinen Job verloren.« Mit deinem Hausbau hat dein Chef nichts zu tun. Mit der Schwangerschaft deiner Frau hoffentlich auch nicht, ebenso wenig mit der Kündigung deines Partners. Warum also sollte er dir mehr Geld geben? Du wärst ja auch erstaunt, wenn du beim Autohändler oder im Medienmarkt vom Verkäufer gesagt bekommst: »Lieber Kunde, Sie müssen 10 Prozent mehr bezahlen! Ich brauche mehr Umsatz, sonst bekomme ich meinen Jahresbonus nicht.« Was geht dich der Jahresbonus des Verkäufers an!?? – Eben!

Anders sieht es aus, wenn der Verkäufer gezielt erfragt, wofür du die Neuanschaffung brauchst. Und dann überzeugend darlegt, dass du mit der nächsthöheren Ausstattung besser fährst. Für mehr Leistung bist du eventuell auch bereit, mehr Geld auszugeben oder zu investieren. Das geht deiner Chefin oder deinem Chef haargenau so. Mach in der Gehaltsverhandlung deutlich, warum du quasi das Upgrade bist, was du alles geleistet hast für die Firma. Warum Geld, das er dir gibt, eine Investition für ihn ist. Welche Kunden du gewonnen hast. Welche Projekte du gestemmt hast. Welcher Verbesserungsvorschlag auf dein Konto geht. Und so weiter. Denk nicht, die Chefin oder der Boss weiß das doch sowieso. Wie die allermeisten Menschen machen sich auch Chefin oder Boss vor allem über eine einzige Person Gedanken: über sich selbst. Es schadet also nichts, wenn du die eigenen Erfolge (täglich) auf einer Liste notierst, damit du sie im Ernstfall parat hast.

Was für die Gehaltserhöhung beim Angestellten gilt, trifft auch zu, wenn du selbstständig bist, ob als Handwerker, IT-Beraterin oder Architekt. Sobald du dich fragst, »Was braucht mein Kunde?«, und konsequent danach handelst, ist dein Erfolg gar nicht mehr aufzuhalten. Dann wirst du als Handwerker nicht behaupten, »Es staubt überhaupt nicht, wenn wir Ihre Fliesen abklopfen«, sondern du wirst Schutzfolien anbringen, die verhindern, dass sich kiloweise Staub wie Mehltau über jede noch so winzige Fläche in der Wohnung legt, und alles, was trotzdem rausstaubt penibel wegputzen. Du wirst auch nicht versprechen, »Sie werden gar nicht merken, dass wir da sind« (was nur zuträfe, wenn deine Kundschaft im tiefsten Koma läge), sondern du wirst für den Tag der größten Stemmarbeiten lieber einen Ausflug ins Grüne empfehlen.

Und das Magische ist: Sobald du in deiner Denke nicht mehr bei dir selbst bist, sondern beim anderen, erfüllen sich auch deine eigenen Interessen. Deine Firma zahlt dir mehr Gehalt, weil du wertvoll für sie bist. Deine Kundschaft empfiehlt dich fleißig weiter und sorgt so dafür, dass du weiterhin gute und bald auch höhere Honorare durchsetzen kannst. Dein Partner, deine Partnerin gibt sich wieder mehr Mühe mit dir, weil du selbst einfühlsamer und aufmerksamer bist. Und während der Kollege, der jedes Jahr pünktlich am 3. Januar seinen Urlaub mithilfe eines »Brückentagskalenders« optimiert hat, beim Chef schlechte Karten hat, wirst du vielleicht sogar mit Sonderurlaub belohnt.

Glaub mir: Je mehr du für andere tust, desto mehr tust du am Ende für dich selbst. Hätte ich bei meinem Einstieg bei Antenne Bayern nicht permanent »Hier!« gerufen, wenn es Arbeit zu verteilen gab, und hätte ich nicht Kollegen immer wieder Aufgaben abgenommen, für die ich streng genommen gar nicht »zuständig« war – ich wäre mit Sicherheit nicht so schnell so erfolgreich geworden!

Mach, was du sagst.
Mach einfach nur, was du sagst.

Als Kind hat mich die Geschichte von den drei Schweinchen schwer beeindruckt. In Kurzfassung: Die drei Schweinchen leben mopsfidel in ihrem Stroh-Häuschen, machen sich aber einen Spaß daraus, die Menschen im benachbarten Dorf zu veräppeln. Sie rufen »Hilfe, Hilfe, der Wolf ist da!« – und das ganze Dorf stürzt mit Mistgabeln und Hacken herbei, um die Schweinchen zu retten. Die Schweinchen halten sich die Bäuche vor Lachen. Das klappt auch noch beim zweiten Mal. Du ahnst vielleicht, wie es endet: Beim dritten Mal steht der Wolf dann wirklich vor der Tür. Und alles »Hilfe, Hilfe!«-Schreien nützt den Schweinchen nichts mehr.

Unfassbar, was für grausame Geschichten Kindern in meiner Kindheit zugemutet wurden ... Heute wären zumindest die Wolfsschützer auf den Barrikaden. Aber vielleicht habe ich auf diese Weise einen sechsten Sinn für hohle Versprechen im Business entwickelt. Hier ein paar gängige, meist im Brustton tiefster Überzeugung zum Besten gegeben:

- »Das Geld ist schon überwiesen.«
- »Da muss ein Zahlendreher in der Überweisung passiert sein.«
- »Unsere Buchhaltung war in Urlaub, da ist einiges liegen geblieben.«
- »Kein Problem, das kriegen wir noch hin bis zu Ihrem Termin.«
- »Klar haben wir Erfahrung mit solchen Projekten.«
- »Ich rufe zurück.«
- »Das Angebot schicke ich Ihnen bis Ende der Woche zu.«

Es gibt Menschen, die versprechen nix und halten nix. Es gibt solche, die versprechen viel und halten nix. Andere versprechen viel und halten ein bisschen. Und dann gibt es noch die Prachtexemplare, die dir was versprechen und dann genau das machen, was sie versprochen haben. Manchmal sogar noch ein bisschen mehr. Ich hoffe, du gehörst zur letzten Kategorie, zu den Menschen, denen man »Handschlag-Qualitäten« bescheinigt. Auf ihr Wort ist Verlass. Solche Menschen ziehen unweigerlich Menschen an, die ähnlich ticken wie sie. Sie geben sich ungern mit

Hallodris, Schleimbeuteln, Gschaftlhubern und anderen Schlawinern ab. Wer einmal seine Zuverlässigkeit bewiesen hat, gewinnt in ihnen einen treuen Geschäftsfreund und manchmal sogar einen echten Freund. Mit anderen Worten: Wenn du selbst Handschlag-Qualitäten hast, kannst du dir auf Dauer ein Weltklasse-Netzwerk aufbauen. Und das wird dich beruflich wie auch persönlich enorm voranbringen. Du wirst deine langfristigen Ziele viel leichter erreichen, weil du dich mit Menschen umgibst, die ebenfalls langfristig denken. Denn hinter der Zuverlässigkeit der Worthalter steckt neben menschlichem Anstand auch das Bewusstsein, dass es sich auf Dauer auszahlt, sein Wort zu halten.

Bei mir bewährt sich diese Handschlag-Qualität zum Beispiel bei der Immobilienfinanzierung. Das bedeutet nicht, dass ich solche Geschäfte per Handschlag abschließe (was in Deutschland ohnehin nicht geht). Aber die Banker, mit denen ich schon länger zusammenarbeite und die wissen, auf mein Wort ist Verlass, gewähren mir bessere Konditionen und bewilligen mir auch dann einen Kredit, wenn eine kurzfristige Finanzierungslücke vorliegt. Ganz einfach, weil sie wissen, wenn ich sage, »Das Geld ist am 5. auf dem Konto«, ist die Summe am 4. da.

Fazit: Handschlag-Qualität macht dein Leben leichter. Versprich niemandem das Blaue vom Himmel. Es reicht schon, wenn du einfach machst, was du sagst – auch wenn das manchmal bedeutet, unangenehme Wahrheiten auszusprechen. Mittelfristig zahlt sich auch das eher aus als leere Versprechungen.

HIN UND HER
MACHT
TASCHEN LEER

»Hin und her macht Taschen leer« ist eine bekannte Börsenweisheit. Nehmen wir an, dir wird die Aktie A empfohlen, deren Kurs sich in der letzten Zeit gut entwickelt hat. Du kaufst. Doch nach kurzer Zeit sinkt der Kurs. Zwischenzeitlich ist dir Aktie B empfohlen worden. Also verkaufst du A und orderst B. B steigt tatsächlich im Kurs – eine gewisse Zeit, dann gibt es auch hier eine Delle. Und als du dann die Börsenkurse checkst, stellst du fest, dass A sich inzwischen wieder erholt hat. Du fragst dich, ob du dich von B trennen solltest. Wenn du so weitermachst, teuer einkaufst und billiger verkaufst, bist du irgendwann todsicher pleite. Hin und her macht Taschen leer.

Manche Börsenweisheiten sind ungefähr so hilfreich wie Bauernregeln. »Kräht der Hahn auf dem Mist …« macht Meteorologen nicht arbeitslos. Die Börsenregel »Greife nie in ein fallendes Messer« ist ähnlich sinnfrei, denn womöglich steigt der hier gemeinte fallende Kurs ja wieder. Kann sein, muss nicht. »Hin und her macht Taschen leer« jedoch ist eine sehr nützliche Warnung, die sogar in anderen Lebensbereichen gilt. Das geht schon los bei der Kassenschlange im Supermarkt. Nebenan geht's scheinbar schneller, du stellst dich dort an, und prompt ist die Papierrolle alle. Oder jemand will mit Karte bezahlen, hat aber sein Konto schon ausgereizt und überlegt lange, ob er eher auf Fertigpizza oder Erdnussflips verzichten kann. Auch Spurenhopper im Stau trifft man meist hinterm nächsten Hügel wieder. Oder nimm Menschen, die nach Australien auswandern, weil sie hierzulande keinen Erfolg haben. Dann erleben sie meistens, wie es ist, in Australien keinen Erfolg zu haben. Dort fehlt ihnen nicht nur das Netzwerk, sie können die Sprache nicht gut und verstehen häufig auch die Mentalität nicht. Also wandern sie wieder ein nach Deutschland. Aber auch hier hat sich die Welt weitergedreht, das Netzwerk ist ausgedünnt und jemand anderes hat Job oder Kunden übernommen. Der Neustart ist schwieriger als die Situation vor der Abreise, und hinzu kommen die Kosten für das ganze Hin und Her. Folge auch hier: Taschen leer. Das kannst du sogar auf Beziehungen übertragen, und nicht nur wegen der hohen Scheidungskosten. Wer meint, durch regelmäßige

Wechsel irgendwann doch noch den perfekten Partner, die perfekte Partnerin zu finden, tauscht alte Probleme gehen neue. »Perfekt« gibt's im echten Leben nicht.

Als Freund griffiger Reime bin ich also versucht, dir zuzurufen: »Bleib, wo du bist und find das toll, denn das macht dir die Taschen voll.« Doch das würde ja bedeuten, dass sich in deinem Leben nie mehr etwas ändert. Der eigentliche Knackpunkt bei der ganzen Sache ist: Machst du einen Wechsel aus der Fülle heraus, um dich weiterzuentwickeln? Oder aus einem Mangel heraus, um vor einer aktuellen Misere zu fliehen? Wer hierzulande erfolgreich ist und weiß, wie man ein Business aufbaut, wird das mit höherer Wahrscheinlichkeit auch in Australien schaffen. Wer im Job seine Komfortzone verlässt und nach einer Beförderung eine Aufgabe mit mehr Verantwortung übernimmt, treibt seine Karriere voran. Dasselbe gilt für durchdachte Jobwechsel, gerade in den ersten Jahren einer Laufbahn. Die Magie findet außerhalb der Komfortzone statt, da, wo du Neues erlebst und dich auch mal nach der Decke strecken musst. Solche Erfahrungen bringen dich weiter. Sie verhindern, dass dein Leben wie ein träger Fluss ereignislos vor sich hintreibt.

Man könnte also sagen: »Hin und her macht Taschen leer. Doch hin und hin, das macht Sinn.« Frag dich immer: Laufe ich gerade auf etwas Neues zu? Oder laufe ich nur vor etwas Altem weg?

Wenn's läuft, dann läuft's
(Der Engelskreis)

Den »Teufelskreis« kennt jeder. Erst hat man keinen Bock auf Schule, dann hagelt es schlechte Noten, und man hat erst recht keinen Bock mehr. Erst hat man Lust auf Zwetschgendatschi, dann braucht man unbedingt Sahne dazu, und für den Rest Sahne muss noch mehr Obstkuchen her – bis die Badezimmer-Waage quietscht und es auch nichts mehr hilft, sie auf den Fliesen hin- und herzuschieben, um auf der Anzeige ein halbes Kilo wegzumogeln.

Was sich weniger herumgesprochen hat, ist der Engelskreis – die Tatsache, dass Positives sich ebenfalls hochschaukelt und verstärkt. Dazu gehört zum Beispiel die Tatsache, dass Krafttraining Kalorien verbrennt und Fett durch Muskelmasse ersetzt, und dass diese Muskeln im Ruhezustand dann wieder mehr Kalorien verbrauchen (wenn auch nicht ganz so viel, wie gern behauptet wird). Oder die Tatsache, dass ein Buch, das erst mal in der SPIEGEL-Bestseller-Liste auftaucht, mehr Aufmerksamkeit bekommt und sich dann noch besser verkauft. Oder auch den Umstand, dass der Besitz einer ersten, weitgehend abbezahlten Immobilie deine Kreditwürdigkeit erhöht und dir den Kauf weiterer Immobilien ermöglicht. Der Volksmund sagt dann: »Der Teufel sch.... immer auf den größten Haufen.« Lässt man den Neid weg, müsste man eigentlich von einem Engel ausgehen, aber Engel sch.... vermutlich nicht und wenn, dann nur regenbogenfarbenes Softeis.

Engelskreise sind eine große Ermutigung. Sie versprechen uns, dass sich die Mühe lohnt, auch dann, wenn wir etwas mühsam anschieben müssen. Denn wie bei einem Zug, der langsam Fahrt aufnimmt, ist die größte Energie am Anfang nötig. Wenn es dann erst mal läuft, läuft es fast wie von selbst. Ob du eine neue Sprache lernst, ein Business startest oder einen Garten anlegst: Der Anfang ist immer am schwersten. Lange Zeit tut sich (scheinbar) wenig. Doch wenn du hartnäckig weiter Energie draufschickst, geht es irgendwann schneller und schneller voran. Du machst Riesenfortschritte bei der Sprache, weil du dich inzwischen verständigen kannst, dadurch mehr redest und immer geübter wirst. Du bekommst urplötzlich viel mehr Kundenanfragen, weil dein Marketing langsam greift und dich parallel dazu die ersten Kunden weiterempfehlen. Die Blumen, Sträucher und Bäume, die du monatelang hegen und pflegen, gießen und stützen musstest, explodieren auf einmal förmlich und belohnen dich mit üppigem Grün.

Vieles im Leben ist Marathon, nicht Sprint. Auch die Platzhirsche in deinem Metier waren mal die Underdogs. Aber anders als viele andere haben sie nicht aufgegeben, sondern einfach weitergemacht. Das gilt im Profisport genauso wie auf der Bühne oder beim beruflichen Know-how. Die Beatles, eine der erfolgreichsten Bands aller Zeiten, absolvierten auf der Hamburger Reeperbahn ab 1960 Hunderte Auftritte in Rotlichtclubs mit klingenden Namen wie »Indra«, »Kaiserkeller« oder »Top Ten Club«. Ein Auftritt dauerte sieben Stunden, am Wochenende noch eine Stunde mehr. Das macht über 50 Stunden Bühnenpraxis pro Woche! Als sie dann ab April 1962 für einige Wochen im »Star Club« auftraten, waren sie schon alte Bühnenhasen, auch wenn George Harrison gerade mal volljährig war.[8]

Wenn etwas »wie von selbst« läuft, hat der Glückliche also in aller Regel vorher kräftig geschoben. Mein erstes Verlagsbuch *Geld allein ist auch eine Lösung* war ein echter Kraftakt, vom Konzept über die Verlagssuche bis zum Schreiben. Aber zwei Jahre später war es so weit: *SPIEGEL*-Bestseller! Und dann lief's einfach; und auch das zweite Buch zum Thema NFTs schlug ein. Ein Engelskreis.

WER WAS WILL,
MELDET SICH.
WER NIX WILL,
MELDET SICH NICHT.

Vielleicht hast du den Spruch schon mal gehört: »Gras wächst nicht schneller, wenn man daran zieht.« Angeblich sagt man das in Afrika. Auch hierzulande käme niemand auf die Idee, an den spärlichen Halmen in seinem Vorgarten herumzurupfen, um auf diese Weise schneller zu einem schönen Rasen zu kommen. Manches muss eben von selbst reifen. Dieses Wissen hindert uns allerdings nicht daran, Auftraggebern oder Kunden hinterherzutelefonieren, wenn sie sich nicht wie versprochen auf unser Angebot melden. Oder darüber nachzugrübeln, warum die attraktive Club-Bekanntschaft, der wir unsere Handynummer gegeben haben, nach einer Woche immer noch nicht angerufen hat. Der Grund ist so schlicht wie naheliegend: Wer etwas will, meldet sich. Und wer sich nicht meldet, will sehr wahrscheinlich nix von dir. Und daran wirst du mit täglich zehn Anrufen und Telefonterror nicht nur nichts ändern, sondern das Desinteresse sogar noch beschleunigen.

Wenn du einem Kunden oder einem Flirt hinterhertelefonierst, tust du dir in der Regel keinen Gefallen, denn du signalisierst Mangel. Dein Kunde denkt: »Dem rennen sie offenbar nicht die Bude ein, wenn der das nötig hat.« Prompt versucht er, deinen Preis herunterzuhandeln. Gelingt ihm das, macht das weder ihn noch dich glücklich. Dich nicht, weil du dich unter Wert verkaufst. Ihn nicht, weil er Qualitätsmängel befürchtet. Was weniger kostet, ist oft auch weniger wert. Man muss schon einen ganzen Eimer Sangria intus haben, um zu glauben, der fliegende Händler am Strand hätte tatsächlich eine echte Rolex zum Spottpreis im Angebot. Wenn du selbst mit deinem Preis nennenswert heruntergehst, werden viele Kunden vermuten, sie müssten bei dir ebenfalls Abstriche machen – bei der Qualität, bei der Termintreue, beim Service, wo auch immer. Ähnlich ist es bei der nicht zurückrufenden Flirtbekanntschaft. Die ist inzwischen vielleicht einfach wieder nüchtern und hat deshalb keinen Bock, dich anzurufen. Brutal, aber wahr. Hängst du dich selbst ans Telefon, kommt man am anderen Ende auf ganz ähnliche Gedanken wie der Kunde, der sich nicht meldet. Ich erspare dir Details.

Was leicht zu haben ist, ist weniger begehrenswert. Das gilt in vielen Lebensbereichen. Wenn du am Urlaubsort die Wahl zwischen zwei Pizzerien hast – die eine brechend voll, mit einer Warteschlange vor der Tür, die andere gähnend leer, sodass die Kellner aus lauter Langeweile Gläser polieren – in welche wirst du wohl gehen wollen? Und wen fändest du interessanter, jemanden, der sich in der Disco allein in einer Ecke an seinem Glas festhält? Oder eine(n) andere(n), heißbegehrt beim anderen Geschlecht und von vielen umschwärmt? Mach also nicht den Fehler, allzu drängend aufzutreten, weder im Job noch auf dem Beziehungsmarkt. Bring deine Botschaft einmal klar und deutlich rüber, und dann warte ab. Willst du was gelten, mach dich selten, heißt es im Verkauf. Meinen damaligen Traumjob bei Antenne Bayern habe ich nicht bekommen, weil ich immer wieder nachgefragt und gedrängelt habe. Sondern weil ich nach einem ersten Vorstellungsgespräch (das daran scheiterte, dass man uns nicht als Dreierteam anheuern wollte) weiter anderswo gute Arbeit leistete, bis man einfach nicht mehr an mir vorbeikam. (»Be so good they can't ignore you« ist eine meiner Lieblingsstrategien. 😊) Und glaub mir: Aus der Fülle heraus verhandelt es sich besser als aus dem Mangel heraus.

PS: »Aber ich brauche doch Aufträge (oder neue Kunden)!«, diesen Einwand höre ich an dieser Stelle häufig. Sicher. Die Frage ist nur, wie du deine Energie sinnvoller investierst: In mühsames Nachhaken bei Unentschlossenen? Oder indem du durch gute Arbeit und selbstbewusstes Auftreten möglichst viele Kunden auf dich aufmerksam machst, sodass du bald die Qual der Wahl hast, mit wem du zusammenarbeitest?

# AUSBLICK

## WARUM DU MEHR GELD VERDIENST, WENN DU TUST, WAS DU LIEBST (ODER LIEBEN LERNST, WAS DU TUN MUSST)

So, wie manche Menschen ihr Leben lang auf der Suche nach dem Traumpartner sind, glauben andere felsenfest an den Traumjob, den sie finden werden, wenn sie nur oft genug kündigen. Da wird dann endlich alles stimmen: Jobinhalte, Chefin oder Chef, Kollegen, Bezahlung. Sogar der Anfahrtsweg, das Kantinenessen und die Aussicht vom Bürofenster. Die Lebenserfahrung spricht gegen diese Hoffnung. Mal ist der Chef cholerisch, aber das Essen super, mal der Standort neben einer Brache im Industriegebiet, dafür die Kollegen nett. Und mal ist alles genau andersherum. »Something is yes always«, irgendwas ist ja immer, wie der Franzose sagt. Ich empfehle dir einen anderen Weg. Statt den Job zu suchen, den du liebst, liebe doch zur Abwechslung mal den Job, den du hast. Engagiere dich, bring Ideen ein, sei freundlich und interessiert. Möglicherweise findest du ja Geschmack daran und stellst fest, dass du deinen Traumjob schon gefunden hast, wenigstens größtenteils. Du kannst ja trotzdem weiter die Augen offen halten.

Ich saß mal in einem Berliner Taxi, dessen Fahrer die ganze Fahrstrecke am Handy laut darüber klagte, wie unbefriedigend sein Job sei: Kunden, die es immer eilig haben, große Koffer mit sich herumschleppen und dann auch noch beim Trinkgeld knausern. Na, zumindest meine Reisetasche hatte ich selbst in den Kofferraum wuchten müssen. Aber die Lust, wie gewohnt großzügig Trinkgeld zu geben, war auch mir damit vergangen. Auf der Rückfahrt erwischte ich das glatte Gegenteil, einen Fahrer, der höflich, hilfsbereit, rücksichtsvoll war. Ob ich Musik hören wolle und ob die Klimaanlage zu kalt eingestellt sei, war ich noch nie gefragt worden. Natürlich habe ich den Fahrpreis großzügig aufgerundet. Und ich bin mir sicher, dieses Prinzip funktioniert in anderen Jobs genauso!

# PERSÖNLICHKEIT:

## DIE MACHT DEINER GEDANKEN

»Ihre Zeit ist begrenzt, also verschwenden Sie sie nicht damit, das Leben eines anderen zu leben«, sagte Steve Jobs in seiner wohl berühmtesten Rede vor Absolventen der Stanford University. Der spätere Apple-Chef brach sein Studium nach einem halben Jahr ab und ging seinen eigenen Weg. Er tat, was er für richtig hielt. Geschadet hat es ihm nicht, wie wir heute wissen.

Alles beginnt mit deinem Denken. Dein Denken bestimmt dein Handeln, und dein Handeln bestimmt dein Leben. Und da, wie es in einem Wortspiel heißt, »das Denken der Gedanken oft gedankenloses Denken« ist, lohnt sich ein Blick darauf, was in unserem Kopf eigentlich los ist. Und welche Folgen das hat.

Jeder ist,
wo er ist,
weil er ist,
wie er ist.

Dieser Satz stammt von einer sehr lieben Freundin. Wenn man ihn das erste Mal hört, klingt er ziemlich hart. Der geht voll auf die Zwölf, und alles in einem schreit: »Das kann doch nicht stimmen. Das kann man doch so nicht sagen!«, Ich sage ihn trotzdem, auch wenn natürlich kein Mensch etwas dafür kann, wenn gerade dort ein Erdbeben ist, wo er Urlaub macht, oder wenn der Geisterfahrer ausgerechnet ihm auf seiner Fahrspur entgegenkommt. Aber wenn wir Naturkatastrophen und ähnliche Tragödien mal ausklammern, gilt tatsächlich: Jeder ist, wo er ist, weil er ist, wie er ist. Das bedeutet: Niemand anderer hat Schuld, wenn dir dein Leben gerade nicht gefällt. Nicht deine Eltern, nicht deine Lehrer, nicht dein Partner. Nicht einmal dein fieser Chef, auch wenn dieser Gedanke besonders beunruhigend sein mag. Und wenn du dich selbst dahin gebracht hast, wo du bist, dann kannst du dich auch selbst wieder da rausholen, wo du bist. Das ist das Gute daran.

Im Bezug auf andere können wir diesen Gedanken leichter zulassen. Denk an die Menschen, denen scheinbar ein Unglück nach dem anderen passiert, ohne dass sie irgendetwas dafür können, nicht einmal ein klitzekleines Fitzelchen: Der Kollege, der *immer* die schlimmsten Projekte erwischt und die nervigsten Kunden und in der Kantine auch noch das kleinste Schnitzel. Die Tante, die zum Bluthochdruck jetzt auch noch einen Altersdiabetes bekommen hat, und das, wo sie es doch schon mit dem Herzen hat. Da denkst du dir vielleicht still: »Na, lieber Kollege, wenn du selbst ein bisschen netter wärst und nicht immer blöde Sprüche klopfen würdest, wär' dein Leben vielleicht auch leichter.« Oder »Wenn Tortenessen deine einzige Sportart ist, brauchst du dich über Diabetes und Herzbeschwerden eigentlich nicht zu wundern, liebe Tante.« Natürlich sagst du das nicht laut, dazu bist du zu höflich.

Jede Handlung hat Folgen. Wir sind da, wo wir sind, weil unsere Handlungen uns dahin gebracht haben. Alles andere sind bequeme Ausreden. »Wenn meine Eltern mehr Geld gehabt hätten, hätte ich studieren können!« »Wäre meine Frau nicht so ängstlich, würde ich tauchen lernen.« Oder – wirklich passiert und möglicherweise einen Besuch beim

Therapeuten wert: »Wenn ich einen anderen Mann geheiratet hätte, wäre ich heute Ärztin!« Kreizkruzefix – himmeherrgott – sakrament!!! Und wenn der Gatte dieser holden Beinahe-Ärztin eine andere Frau geheiratet hätte, wär' ihm sein Magengeschwür vermutlich auch erspart geblieben. Überflüssig zu sagen, dass Heerscharen von Studenten jobben, weil es keinen fetten Monatsscheck von Mama und Papa gibt (interessanterweise in Jobs, in denen sie später eine erfolgreiche Karriere aufnehmen), und dass der Tauchsport auch ohne Ehegespons im Schlepptau gesetzlich erlaubt ist. Ein Hämburcher Freund von mir würde sogar sagen: »Wenn die Alte nix taucht, dann tauch doch ohne die Alte.«

Ich möchte dich deshalb ermuntern, auch für dich selbst diesen Gedanken zuzulassen: Hat nicht alles, was ich in meinem Leben gemacht (oder nicht gemacht) habe, dazu geführt, dass ich da bin, wo ich bin, weil ich bin, wie ich bin? Also, bei mir hat dieser Lebenssatz geradezu magisch gewirkt. Plötzlich war mir klar: »Hey, du brauchst niemanden in deinem Leben für irgendetwas die Schuld zu geben. Nicht der Gesellschaft, nicht deinen Eltern, nicht deinen Geschwistern, nicht einmal deinem Chef.« Denn das bedeutet auch: Ich kann etwas ändern, wenn es mir wirklich wichtig ist – so, wie im Kapitel 10 »Love it, change it or leave it!« beschrieben. Vor allem kann ich mich selbst ändern – und damit die einzige Person auf diesem Planeten, bei der ich das zuverlässig in der Hand habe. Und wenn wir uns ändern, ändert sich alles!

Leichte Entscheidungen,
hartes Leben.
Harte Entscheidungen,
leichtes Leben.

*»Mein Maserati fährt 210.*
*Schwupp, die Polizei hat's nicht geseh'n. Das macht Spaß!*
*Ich geb' Gas, ich geb' Gas!*

*Will nicht spar'n, will nicht vernünftig sein.*
*Tank nur das gute Super rein. Ich mach' Spaß!*
*Ich geb' Gas, ich geb' Gas!*
*Ich will Spaß, ich will Spaß!«*

Das sang ein Typ namens »Markus«, als die Neue deutsche Welle durchs Land rollte, ein Megahit und echter Gute-Laune-Song.[9] Sind wir nicht alle ein bisschen Markus? Ich definitiv, denn Markus ist mein zweiter Vorname. Der griechische Philosoph Epikur jedenfalls war sich sicher, dass in jedem von uns ein Markus wohnt, und das schon vor rund 2.300 Jahren. Laut Epikur lenken zwei Hauptantriebskräfte den Menschen: Wir wollen Lust (Vergnügen, Freude, Spaß) gewinnen und Unlust (Schmerz) vermeiden. Dieses Prinzip beeinflusst viele unserer Entscheidungen, von kleinen Alltagsfragen bis zum großen Ganzen: Lieber Fahrstuhl oder Treppe? Lieber Fast Food oder selber kochen? Lieber fettes Auto auf Pump oder weiter alter Golf? Die erste Entscheidung – Fahrstuhl, Fast Food und fettes Auto – fällt leicht. Mit den weniger komfortablen Alternativen tun sich die meisten Menschen schwer. Wir wollen den Spaß sofort, selbst wenn der Schmerz ihm irgendwann so sicher folgt wie der in Tracht kostümierte Preiß auf die Münchner Wiesn.

Epikur würde in seiner Toga staunend durch die Welt von heute wandern und ständig auf Angebote treffen, die sein »Ich-will-Spaß-Prinzip« bestätigen: Wir können beim Online-Händler vor Weihnachten einkaufen und müssen erst im Januar bezahlen. Bei der »0 Prozent«-Finanzierung für die neue Küche wären wir ja schön blöd, wenn wir nicht zugreifen. Und die Pizza ist in zehn Sekunden geordert, statt selbst gesund zu kochen. Leichte Entscheidungen, für die wir später bezahlen, im wörtlichen wie übertragenen Sinne. Hinzu kommt, dass der Antrieb, Schmerz zu vermeiden, stärker ist als der, Freude oder Vergnügen zu gewinnen. Und da siegt die Couch fast *immer* gegen das Fitnessstudio, denn im Erfinden von Ausreden sind wir Meister. Epikurs Schwester Epilier hat übrigens die Enthaarung erfunden, aber das ist eine andere Geschichte.

Die meisten leichten Entscheidungen haben harte Konsequenzen. Wer heute nicht für die Prüfung lernt, fällt morgen vielleicht durch. Wer sich heute nicht bewegt, bekommt übermorgen gesundheitliche Probleme. Und wer heute nicht spart, wird später den Gürtel enger schnallen müssen. Wer es dagegen schafft, jetzt harte Entscheidungen zu treffen, wird später – morgen, übermorgen, vielleicht auch erst in ein paar Jahren – dafür belohnt werden. Psychologen halten die Fähigkeit zum »Belohnungsaufschub« daher für ein zentrales Erfolgsmoment im Leben. »Leichte Entscheidungen – hartes Leben, harte Entscheidungen – leichtes Leben« ist deshalb für mich ein zentraler Lebenssatz, den ich dir gerne mit auf den Weg geben möchte. Wir alle brauchen Spaß, und das ist auch völlig in Ordnung so. Doch wenn es wirklich drauf ankommt und du »eigentlich« weißt, dass du in diesem Moment lieber den weniger spaßigen Weg gehen solltest, hilft dir der Spruch vielleicht: Du wirst belohnt werden, wenn du ein bisschen Geduld hast, und je öfter du diese Geduld aufbringst, desto leichter wird dein Leben insgesamt. Harte Entscheidungen, leichtes Leben! Eben.

Pass auf,
was du
denkst

Wir sind hier ja bei den »Mindset Minuten«, und jetzt geht es ganz direkt und ausschließlich darum: um dein Mindset. Um deine innere Einstellung, deine Lebenshaltung, wenn du diese ganzen englischen Begriffe wie »Mindset« nicht magst. Vielleicht hast du bei der Überschrift gestutzt: Du sollst auf deine eigenen Gedanken aufpassen? Ja, genauso ist es!

Die meisten von uns achten den lieben langen Tag auf alles Mögliche: ob noch genug Milch im Kühlschrank ist, ob wir einen Werkstatt-Termin zur TÜV-Abnahme vereinbaren müssen, ob der Nachwuchs seine Hausaufgaben gemacht hat. Nur auf das, was in unserem Kopf los ist, achten wir kaum. Dort geht es mitunter zu wie im Bälle-Bad bei Ikea: laut, turbulent und ziemlich nervig. *»Wieso muss eigentlich immer ich einkaufen? Bin ich hier der Volldepp? Und das Auto bekommen wir wahrscheinlich auch nicht mehr durch den TÜV. Wenn ich die Gehaltserhöhung nicht bekomme, können wir uns kein neues leisten. Und wenn Ben seine Hausaufgaben weiter nicht macht, bleibt er sitzen.«* Lauter super konstruktive Gedanken ... Das Problem dabei: Gedanken werden Wirklichkeit. Jim Rohn, ein Motivationsguru aus den Vereinigten Staaten, hat mal gesagt: »Everyday, stand guard at the door to your mind« – stehe jeden Tag Wache an der Tür zu deinem Geist. Wenn du zum Schwarzsehen, Hadern und Jammern neigst, werden rabenschwarze und negative Gedanken dich beherrschen, sich in deinem Unterbewusstsein festsetzen und dein Verhalten beeinflussen. Irgendwann tritt dann tatsächlich ein, was du befürchtet hast. Wenn du Angst hast, dass dein Kind sitzenbleibt, wirst du es ungewollt entmutigen. Wenn du denkst, »Bloß nicht krank werden, bitte, bitte jetzt keine Grippe«, macht sich das Halsweh schon auf den Weg zu dir. Und wenn du dir täglich einredest, »dass du es nie schaffen wirst«, einen Job zu finden, deine Traumfrau anzusprechen oder was auch immer, dann sind deine Erfolgschancen tatsächlich nicht groß. Wie mächtig unser Geist ist, zeigen Phänomene wie die »unechte Pilzvergiftung«. Menschen, die fälschlicherweise glauben, giftige Pilze gegessen zu haben, bekommen schwere Kreislauf- und Magen-Darm-Probleme, auch wenn die Vergiftung nur in ihren Gedanken existiert.[10] Und Menschen werden manchmal tatsächlich nur mit ihrer Geisteskraft gesund, wenn sie ein Scheinmedikament (Placebo) bekommen haben, ohne das zu wissen. Wobei teure Placebos sogar besser wirken als billige.

Deshalb hat Jim Rohn Recht: Wir sollten aufpassen, was wir denken. »Ich möchte gesund bleiben« ist ein sehr viel hilfreicherer Gedanke als »Bloß nicht krank werden« – auch, weil du dich anders verhalten wirst. »Ich helfe meinem Kind dabei, in der Schule besser mitzukommen« bewirkt Positives, Schwarzseherei nicht. Mit dem Lebenssatz »Pass auf, was du denkst« möchte ich dich deshalb um Gedankenhygiene bitten. Du lässt doch sicher nicht jeden ungebetenen Gast in dein Wohnzimmer. Lass in Zukunft auch nicht mehr jeden destruktiven oder dunklen Gedanken in deinen Kopf. Sag stopp und ersetze ihn durch einen konstruktiven, zielführenden Gedanken. Und wenn dir das nicht auf Anhieb gelingt, mach einen kleinen Zwischenschritt, frag dich: »Was kann ich tun, damit es gelingt?« Und dann handle!

Ich verspreche dir: Von dem Moment an, an dem »Gedankenhygiene« für dich so selbstverständlich wird wie Zähneputzen, wird sich dein Leben entscheidend verbessern! Das ist auch deswegen so wichtig, weil unsere Persönlichkeit im Grunde die Art ist, wie wir denken: optimistisch, mitfühlend, tatkräftig auf unsere Ziele gerichtet – oder ich-bezogen und pessimistisch. Du hast jeden Tag die Wahl!

Scheiß da nix,
dann feid da nix

Bei uns in Bayern gibt's einen Satz, der mir schon oft geholfen hat. Er lautet: »Scheiß da nix, dann feid da nix!« Frei übersetzt für alle Nichtbayern: »Mach dir keine Gedanken, dann hast du auch keine Probleme.« Es geht dabei im Grunde um das Thema Angst. Wir machen uns im Leben viel zu viele Gedanken und Sorgen. Dass wir beim Flirtversuch eine Abfuhr kassieren. Dass wir die nächste Prüfung versemmeln. Dass der Chef die Gehaltserhöhung verweigert. Dass der Braten gerade dann misslingt, wenn man beim Besuch so richtig Eindruck schinden will.

Gegen diese Alltagssorgen, die förmlich das Wasser im Wein des Lebens sind, hilft ein simpler Kniff: Stell dir einfach vor, was schlimmstenfalls passieren könnte. Wie würde es aussehen, wenn alles tatsächlich ganz besch...eiden laufen würde? Du müsstest noch eine Weile mit dem bisherigen Gehalt klarkommen. Dein Ego müsste es aushalten, dass das Ziel deines Flirtversuchs dir die kalte Schulter zeigt und vielleicht sogar empfiehlt: »Schleich di!«. Und das, obwohl du doch so charmant geflirtet hattest mit den Worten »Magst schmusen? Mir waars Wurscht.« (Übersetzt: »Wollen wir uns küssen? Mir wär's egal.«) Du müsstest die Prüfung wiederholen und dein Ruf als Meisterkoch hätte einen kleinen Kratzer. Geht davon die Welt unter? Definitiv nicht. Außerdem bist du hinterher schlauer als zuvor und kannst an deiner Flirtstrategie, deiner Prüfungsvorbereitung, deinen Kochkünsten oder deiner Gehaltsverhandlungsstrategie arbeiten (vgl. Kapitel 41 »Erfahrung ist die Summe vieler Niederlagen«). Sobald dir klar ist, was schlimmstenfalls passieren könnte, wird es dir gleich besser gehen. Das Monster im Unterholz entpuppt sich meist als raschelnde Amsel. Liebhaber des Denglischen nennen diesen Kniff ein »Worst-Case-Szenario«, und das klingt doch wirklich nach einer coolen Methode. Mir als Bayer reicht es aber auch zu wissen, dass das »Scheißegal-Gefühl«, das sich auf diese Weise einstellt, oft genau das richtige Gefühl ist, um im Leben weiterzukommen.

Neben den üblichen Alltagssorgen gibt es noch die diffusen Ängste davor, dass es uns irgendwann ganz schlimm trifft. Dass unserem Kind etwas passiert. Dass wir schwerkrank werden. Dass unsere Firma pleitegeht und wir irgendwann auf der Straße stehen. Auch dagegen kannst du dich wappnen. Frag dich in dunklen Momenten, wie viele solcher Sorgen aus der Vergangenheit bis heute tatsächlich eingetreten sind. Vermutlich die allerwenigsten. Das beruhigt schon mal ein bisschen. Akzeptier deine Angst – nur Kamikazepiloten haben gar keine. Lass dich aber nicht von deiner Angst beherrschen. Überleg dir lieber, was du konkret tun kannst, damit deine Befürchtung möglichst nicht eintritt. Triff Vorsorge, komm ins Handeln – auch das bringt die Angst zum Schrumpfen. Jede kleine praktische Maßnahme (wie z. B. mit dem Kind den Schulweg noch mal üben) ist besser als tatenlose große Angst.

PS: Noch eine Anregung für alle, die von Versagensängsten geplagt werden, beispielsweise, wenn sie vor vielen Menschen sprechen oder auf einer Bühne stehen sollen. Wer ist dir eigentlich selbst sympathischer – derjenige, der alles supergut hinkriegt und vollkommen perfekt ist, oder der, der auch mal kleine Schwächen zeigt? Ist dir schon mal aufgefallen, dass es donnernden Applaus gibt, wenn jemand auf der Bühne einen Hänger hat und souverän damit umgeht? Und wenn das so ist, dass menschliche Schwächen sympathisch sind, gibt es doch keinen Grund, Angst davor zu haben. Oder wie der Perfomancekünstler Nam June Paik sagte: »When too perfect, lieber Gott böse!« Man könnte es auch so formulieren: Lebe lieber unperfekt. Denn wirklich perfekt ist nur einer – der liebe Gott.

Ein NEIN
ist ein
ganzer Satz!

Einer meiner absoluten Lieblingssätze, den ich dir allerwärmstens ans Herz legen möchte, lautet: »Ein Nein ist ein ganzer Satz.« Und: »Begründe nie ein Nein, wenn du es nicht begründen musst.« Das ist deswegen so wichtig, weil viele von uns dazu neigen, permanent Dinge zu tun, die wir eigentlich gar nicht tun möchten – einfach, weil wir es nicht schaffen, nein zu sagen, oder weil wir den Fehler begehen, unser Nein zu erklären. Wie es dann weitergeht, hast du wahrscheinlich auch schon erlebt:

Dein Kollege *(später Nachmittag, kurz vor 17 Uhr)*: »Hey, kannst du das noch schnell für mich übernehmen? Ich muss jetzt nach Hause.«

Du: »Nein, weil ich das zeitlich nicht mehr schaffe.«
Kollege: »Hat auch Zeit bis morgen. Du bist ja immer sehr früh da.«
Du: »Nee, morgen früh hab' ich schon anderes zu tun.«
Kollege: »Wieso, was ist denn morgen los bei dir?«

Halloooo???? Plötzlich bist du derjenige, der sich rechtfertigen muss, dass er sich nicht einfach Arbeit aufdrücken lässt. Das ist die Falle, in die du mit einer Begründung tappst. Spiel das Spiel das nächste Mal anders. Spulen wir kurz zurück:

Dein Kollege *(später Nachmittag, kurz vor 17 Uhr)*: »Hey, kannst du das noch schnell übernehmen? Ich muss jetzt nach Hause.«

Du: »Nein.« (Und Schluss, aus, finito, Ende!)
Kollege *(leicht konsterniert)*: »Wie – nein?«
Du *(freundlich-bestimmt)*: »Nein, geht nicht.«
Kollege: »Aha.« (Geht zögernd ab und sucht sich ein neues Opfer.)

Eine Begründung bringt dich in Teufels Küche, weil dein Gegenüber sich darauf stürzen wird wie der Hund auf die frische Weißwurst. Freundlichen Menschen fällt so ein nacktes Nein schwer. Deshalb schieben sie gleich eine halbe Entschuldigung und Begründung hinterher. Man kann das aber ziemlich gut lernen, wie ich aus eigener Erfahrung weiß. Halt die Ruhe aus, lass dein Nein im Raum stehen und seine volle Kraft entfalten. Das gilt im Übrigen für all deine Antworten, die einem anderen vielleicht nicht gefallen. Das sind die guten Antworten, die uns helfen zu wachsen, weil sie Grenzen setzen. Denn nur, wenn wir Grenzen setzen, sind wir jemand. Etwas, das keine Grenzen hat, existiert nicht – ein Hinweis, den ich Hermann Scherer und seinem Bestseller *Fokus* verdanke. Ein Land ohne Grenzen gibt es nicht. Jeder Gegenstand markiert eine Grenze zwischen sich und seiner Umgebung. Und jeder Mensch, seine Persönlichkeit, sein Charakter, sein Wesen, beruht auch auf Grenzsetzungen zwischen sich und dem, was ihn umgibt. Nur was Grenzen hat, existiert.

Viele Menschen verabschieden sich zumindest teilweise aus Ihrer Existenz, weil sie keine Grenzen setzen. Sie leben dann nicht ihr Leben, sondern das, was andere ihnen davon übriglassen. Ein Nein ist der beste Weg, eine Grenze zu setzen und sein Leben zurückzuerobern. Du wirst sehen, wenn du es dir zur Aufgabe machst, jeden Tag mindestens einmal nein zu sagen, wird dir das zur zweiten Natur. Bald wirst du aufatmen. Du bist ein anderer Mensch, ein Mensch, der mehr bei sich ist. Ein Mensch, der anderen auch mal das Stoppschild zeigt: »Bis hierher und nicht weiter, stopp! Hier ist meine Grenze!« Würdest du also bitte gleich dem Nächsten, der etwas von dir will, ein nacktes Nein entgegnen, freundlich im Ton, aber standhaft und bestimmt in der Sache? Das ist die beste Übung. Und ein Nein auf diese Bitte, ob mit oder ohne Begründung, kann ich leider nicht akzeptieren. Ausnahmsweise. 😉

# AUSBLICK

## WARUM DIE RICHTIGEN GELD-GLAUBENSSÄTZE SO WICHTIG SIND

Ich kann es nicht oft genug loswerden, weil es mir so wichtig ist: Auch beim Geld beginnt der Erfolg in deinem Kopf, bei deinen Gedanken. Was meinst du, wie groß deine Chancen sind, eines Tages reich zu sein, wenn du insgeheim alle reichen Menschen für schlecht hältst, für skrupellos und böse? Es ist erstaunlich, wie viele negative Glaubenssätze zu den Themen Geld und Reichtum durch die Köpfe geistern und von Generation zu Generation weitergegeben werden. Wie wurde in deiner Herkunftsfamilie über Geld geredet? Fielen öfter Sätze wie »Geld allein macht auch nicht glücklich«, »Geld stinkt«, »Eher geht ein Kamel durch ein Nadelöhr, als dass ein Reicher in das Reich Gottes gelangt«? Als Kinder werden wir geprägt durch familiäre Vorbilder. Wir können uns davon (noch) nicht rational abgrenzen. In meinen Mentorings treffe ich auf Teilnehmer, die überzeugt sind, jedes Vermögen basiere auf einem Verbrechen, Menschen, die gelernt haben, dass man über Geld nicht spricht, und andere, die glauben, »unsereiner hat sowieso keine Chance«. Alles Bullshit, aber wer fest daran glaubt, macht es zu seiner persönlichen Wahrheit und damit auch zu seiner Wirklichkeit. Deshalb ist es so wichtig, als Erwachsener »Wahrheiten« kritisch zu hinterfragen, die einem als Kind eingeimpft wurden, nicht nur beim Thema Geld, aber auch dort. Denn der Weg in die finanzielle Freiheit beginnt mit einer positiven Grundhaltung zum Thema Geld. Nur dann fallen praktische Tipps zum Vermögensaufbau auf fruchtbaren Boden.

# ZIELE:

## WIE DU GROSSARTIGES ERREICHST

»Ziele sind Aussagen über angestrebte Zustände in der Zukunft, die durch entsprechendes (»zielorientiertes«) intelligentes Verhalten erreicht werden sollen«, weiß Wikipedia. Da steckt eigentlich schon alles drin: Wir sollten a) ziemlich genau wissen, was wir uns für unsere Zukunft wünschen, und b) ins Handeln kommen. Die Hindernisse auf dem Weg dahin verschweigt das schlaue Internetlexikon taktvoll: Den Oinkiwuff, den inneren Schweinehund, der fleißig, fröhlich grunzend Stolperschnüre spannt und Fallgruben aushebt. Den eigenen Kopf, der manchmal gar nicht so genau weiß, was er will. Und den Bauch, der grummelnd und ängstlich protestiert, sobald wir Neuland betreten wollen.

Ziele sind wichtig. Wer keine eigenen Ziele hat, ist wie ein Blatt im Wind. Schlimmer noch, er wird womöglich vor den Zielkarren anderer gespannt. Schon der gute alte Seneca wusste: Wenn ein Kapitän nicht weiß, welchen Hafen er ansteuern soll, dann ist kein Wind der richtige. Grund genug, sich ein paar Gedanken über Zielerreichung zu machen.

*WAS DU DIR ERTRÄUMEN KANNST,*
***KANNST DU AUCH ERREICHEN***

Diesen Satz halten viele Menschen für Unsinn, mein eigener Vater beispielsweise. Ich dagegen glaube felsenfest daran. Meistens wird der Satz grob missverstanden. Natürlich rate ich dir nicht, dich todesmutig vom nächsten Dach zu stürzen, nur weil du in der Nacht vorher geträumt hast, du könntest fliegen. Ich würde auch nicht empfehlen, bei einer Körperlänge von 1,65 Meter eine Karriere in der Basketball-Nationalmannschaft anzustreben. Wenn hier von »träumen« die Rede ist, geht es darum, für sich selbst eine glaubhafte, tief empfundene Vorstellung seines Ziels entwickeln zu können, auch wenn dieses Ziel noch weit entfernt und hochgesteckt ist. Wenn du dir ein solches Ziel ernsthaft vorstellen und es für dich visualisieren kannst, wirst du es auch erreichen können.

Nimm ein einfaches Beispiel, das viele Menschen betrifft: Übergewicht. Ich weiß, wovon ich spreche, denn ich wog schon mal 130 Kilo und habe 50 Kilo abgenommen. Wenn du dir mit zig Kilos zu viel gar nicht mehr vorstellen kannst, wie du als dünner Mensch bist, dann wird's schwierig mit dem Abnehmen. Glücklicherweise gibt es in der Regel noch »schlanke« Fotos von früher. Nimm diese Fotos als Hilfestellung für deine Ziel-Visualisierung. Ob du das Durchhaltevermögen aufbringst, ein ehrgeiziges Ziel zu erreichen, das steht und fällt mit dieser Visualisierung. Siehst du dein Ziel vor deinem inneren Auge? Kannst du es fühlen? Spürst du beispielsweise, wie du 20, 30 oder mehr Kilos leichter und damit beweglicher, fitter und attraktiver bist?

Ich bin überzeugt: Als Freddie Mercury noch ein unbekannter Sänger war und verkündete, »Ich werde kein Superstar, ich werde eine Legende!«, da spürte er schon, wie es sich anfühlt, auf dem Cover des *Rolling-Stone*-Magazins zu sein. Die Macht der Visualisierung kannst du dir sofort zunutze machen. Entwirf dein »Vision-Board«, deine Ziel-Collage. Sammle dazu Fotos mit Bestandteilen deines Ziels und klebe Sie auf einen Bogen, ob DIN-A3, -A4 oder -A1 ist egal. Oder setz das Ganze gleich elektronisch am Bildschirm um. Lass dich von Zeitschriften und Websites inspirieren, schneide Fotos aus. Und sorg dafür, dass du dein Vision Board immer vor Augen hast und es laufend ergänzt. Vielleicht bittest du sogar einen Freund mit Photoshop-Kenntnissen, ein Bild von dir an deinem Ziel zu erstellen – ob mit vielen Kilos weniger, im Wembley Stadion als Profifußballer, ob auf einer großen Bühne oder in deinem eigenen Laden.

Ich habe mir beispielsweise von meinem Grafiker die *Spiegel*-Bestseller-Liste basteln lassen, auf Platz 1 mein Buch *Geld allein ist auch eine Lösung*. Ganz hat das zwar nicht geklappt, aber immerhin kam der Titel und damit mein erstes Verlagsbuch gleich in die Top 15 beim *Spiegel*. Mein zweites Buch, *Reich mit NFTs* erreichte die Top 5 und dazu die Top 3 beim *Manager Magazin*, das eine Bestenliste nur für Wirtschaftsbücher führt. Nun bin ich optimistisch, dass Buch 3, das du gerade liest, diese Serie fortsetzt 😊. Wie heißt es so schön: »Ziele Richtung Mond. Selbst wenn du ihn verfehlst, wirst du zwischen den Sternen landen.« Das ist zwar definitiv nicht von Friedrich Nietzsche, wie oft behauptet wird, aber trotzdem (oder deswegen?) ein guter Rat. Mein Ziel war glasklar, ich habe entsprechend gehandelt, mein Bestes gegeben und mir Gedanken zum Marketing gemacht. Und damit mehr erreicht als 99,999 Prozent aller Autoren auf diesem Planeten. Deshalb ein Hoch auf große Ziele!

Mit einer Visualisierung kannst du ungeheuer viel erreichen, aber nur, wenn du dir dein Ziel tatsächlich vorstellen kannst. Arbeite daher immer als Allererstes an deiner Vorstellung: Wie sieht das Ziel aus, wie fühlt es sich an, wenn du es erreicht hast, wie wirst du dich am Ziel verhalten? Und wenn du das alles hast, wenn du weißt, was alles zu deinem Zielzustand dazugehört, dann wirst du dieses Ziel auch erreichen. Was du dir vorstellen und erträumen kannst, kannst du in deinem Leben auch verwirklichen.

PS: Vielleicht sollte ich meine Skepsis hinsichtlich der Basketball-Karriere mit 1,65 Meter noch mal überdenken. Beispielsweise hätte ja auch niemand für möglich gehalten, dass es ein britischer Maurer, der auf den Hügeln Südenglands Skifahren übte, zu den Olympischen Spielen schaffen würde: Eddie the Eagle, der 1988 in Calgary Letzter im Skispringen wurde, ist noch heute vielen Menschen ein Begriff – eine echte Legende mit ständig beschlagener Brille (auch keine ideale Voraussetzung fürs Skispringen). Wer 1988 die Goldmedaille gewann? Ich habe keine Ahnung!

ZEITANGABE UND ZAHL MACHEN AUS EINER **VISION** EIN **ZIEL**

»*Wir leben in einer Zeit vollkommener Mittel und verworrener Ziele*«, soll Albert Einstein gesagt haben. Wenn ich das als Nicht-Genie richtig verstehe, wollte er uns damit sagen, dass wir alle Möglichkeiten haben, um unsere Ziele zu erreichen. Was uns ausbremst, sind nicht fehlende Mittel, sondern unklare Ziele. Meistens haben wir »Würdegern-Ziele«. Typische Beispiele: »Ich würde gern abnehmen.« »Ich würde gern mehr Geld verdienen.« »Ich würde gern mehr Zeit mit meinem Partner oder meiner Partnerin verbringen.« Doch so wird das nichts. Dabei gibt es ein ganz einfaches Mittel, um aus einer folgenlosen Absichtserklärung ein echtes Ziel zu machen: Verpass deinem Würdegern-Ziel eine Zeitangabe und eine Zahl: »Spätestens an meinem Geburtstag, am XX.XX.20XX möchte ich XX Kilo wiegen«

Das ist doch mal eine klare Ansage! Denn erst, wenn du dich so genau »committest«, wie der Angelsachse sagt, wirst du ins Handeln kommen. Auch dabei helfen dir ein paar Zahlen: 10 Kilo in sechs Monaten bedeutet, dass du jeden Monat etwa 1,7 Kilo verlieren musst. Das klingt machbar. Ein Kilo sind ca. 7.000 Kalorien. Über den Daumen gepeilt, musst du dazu also jeden Monat 12.000 Kalorien einsparen, also ungefähr 400 Kalorien pro Tag. Wenn du ab sofort Wasser statt Saft trinkst, dir die Chips am Abend sparst und in der Kantine den Nachtisch weglässt, kommst du dem wahrscheinlich schon recht nahe. Bei der Gehaltserhöhung gilt dasselbe Prinzip – je präziser das Ziel, desto besser: »Ich habe bis zum XX.XX.20XX mein monatliches Einkommen auf ......... Euro [genaue Zahl] erhöht.«

Sorg dafür, dass du dein Ziel regelmäßig vor Augen hast – kleb dir einen Post-it an den Kühlschrank, schreib es in deinen Kalender, nutze es als Sperrbildschirm für dein Smartphone. Dann wirst du auch nicht vergessen, mit deinem Chef über mehr Geld zu reden und im Vorfeld schon deine Verdienste und Erfolge zu notieren, um Argumente für deine Gehaltserhöhung zu haben. Selbst romantische Ziele wie »mehr Zeit mit dem Partner« oder »eine glücklichere Beziehung« gehen im Alltag unter, wenn sie nicht mit einer Zeitangabe und einer Zahl versehen werden. Manche Paare nehmen sich so lange vor, mehr Zeit miteinander zu verbringen, bis einer schließlich die Scheidung einreicht. Was also bedeutet »Zeit verbringen« genau? »Mehr miteinander reden«, wahrscheinlich. Wie bekommen wir das hin? Indem wir eine Zeitangabe und eine Zahl vereinbaren – beispielsweise »einen Abend pro Woche, und zwar am Freitag um 20 Uhr, werden wir uns mindestens zwei Stunden ungestört austauschen«, also kein Fernseher, kein Smartphone, keine quengelnden Kinder. Klingt merkwürdig, wirkt aber Wunder. Und wenn ihr bei zwei Stunden kalte Füße kriegt, könnt ihr ja bescheidener anfangen und es kürzer halten.

Wenn du ein Ziel mit einem Termin und einer Zahl versiehst, kannst du jederzeit abschätzen, ob du noch auf Kurs bist. Du kannst das Ziel herunterbrechen auf Teilziele. Du kannst überlegen, was du ganz konkret machen musst, um Teilziele und schließlich das Gesamtziel zu erreichen. Außer Bequemlichkeit oder Trägheit gibt es also nichts, was gegen diese Methode spricht. Oder? Also: Bis wann genau wirst du wie oft diese Methode der Zielsetzung verwendet haben? 😉

# *WARUM DU DEIN* **GROSSES ÜBER-GEORDNETES ZIEL** *NIE ERREICHEN DARFST*

Du weißt inzwischen, das Thema »Ziele« ist mir sehr wichtig, und ein Satz begleitet mich dabei schon lange: »Du brauchst ein übergeordnetes, sehr großes Ziel, und du darfst es nie erreichen.« Klingt verrückt, nicht wahr? Warum stimmt das trotzdem? Nehmen wir an, du hast das Ziel, irgendwann auf dem Mount Everest zu stehen. 8.848 Meter, Eis, Schnee, eisige Kälte und extrem dünne Luft. Mit diesem Megaberg vor Augen wirken andere imposante Gipfel beinahe wie ein Kinderspiel. Auf einen Dreitausender zu steigen kann dich dann nicht mehr schrecken. Dasselbe gilt für finanzielle Ziele. Wenn du sagst: »Wow, ich möchte 500.000 Euro im Jahr verdienen!«, dann sind 100.000 oder 200.000 Euro für dich nicht länger das Ende der Fahnenstange, sondern nur Etappensiege und der Ansporn weiterzumachen.

Ein großes übergeordnetes Ziel macht andere Ziele, die immer noch sehr groß sind, kleiner und dadurch viel erreichbarer – auch für unser Unterbewusstsein, das uns sonst gerne ein Bein stellt. Vielleicht sagt Gary Vaynerchuk deshalb immer, es sei sein großes Ziel, einmal die New York Jets zu kaufen. Vaynerchuk ist ein US-Erfolgsunternehmer und Mehrfach-Gründer (»Serial Entrepreneur«) mit sowjetischen Wurzeln, und die Jets sind eine American Football Mannschaft, die in der National Football League spielt. Gleich das ganze Team zu kaufen, dürfte selbst Vaynerchuks finanzielle Möglichkeiten bei weitem übersteigen. Bisher ist er von Erfolg zu Erfolg geeilt, und sollte er irgendwann tatsächlich die Jets kaufen, wird er sich vermutlich vornehmen, als Nächstes die ganze Football-Liga zu kaufen.

Mit großen übergeordneten und beinahe unerreichbaren Zielen programmierst du dich für etwas weniger große, aber immer noch sehr ehrgeizige Ziele auf Erfolg. Sie erscheinen dir sofort kleiner und dadurch machbarer. Dieser Gedanke ist eigentlich nicht neu, und er ist auch kein Zaubertrank aus der Erfolgsküche amerikanischer Motivationsgurus. »Man muss das Unmögliche versuchen, um das Mögliche zu erreichen«, empfahl schon Hermann Hesse, ein Kultautor früherer Generationen, nach dessen bekanntestem Werk *Der Steppenwolf* sich sogar eine Rockband benannte.

Vielleicht fragst du dich allmählich, warum du dein übergeordnetes Ziel eigentlich nicht erreichen sollst. Ganz einfach: weil sich dann womöglich eine große Leere einstellt. Formel-1-Fahrer Michael Schumacher brach auf einer Pressekonferenz in Tränen aus, als ein Reporter ihn fragte, was es ihm bedeuten würde, mit seinem 41. Sieg bei einem Grand-Prix-Rennen im Jahre 2000 sein großes Vorbild Ayrton Senna eingeholt zu haben. Franz Beckenbauer ging nach dem Gewinn der Fußballweltmeisterschaft 1990 in sich gekehrt über den Rasen im Olympiastadion von Rom, ein Bild, das sich vielen Menschen ins Gedächtnis gebrannt hat. »Ich wollte nur noch allein sein«, erzählte er später der *Bild-Zeitung*. Auch als Trainer (»Teamchef«) hatte er alles erreicht. Was soll noch kommen, wenn man als Bergsteiger auf dem Mount Everest steht, als Rennfahrer alle Rekorde gebrochen und im Fußball alle Titel gewonnen hat? Dann braucht man eigentlich dringend ein neues übergroßes Ziel, und das wird in dieser Liga schwierig.

Also: Ziele auf den Mond, und du wirst zumindest einen Stern treffen. Bewahre dir einen großen Traum, dein übergeordnetes Ziel. Dann wirst du Etappenziele und Vorziele umso energischer anpeilen und umso leichter erreichen. Und wenn du am Ende nicht der Beste auf dem Planeten bist, sondern »nur« der Beste Europas, der Beste Deutschlands oder der Beste in deiner Stadt, dann ist das doch auch ein wunderbares Ergebnis!

WENN ES
WAS FÜR
DICH IST,
BEKOMMST
DU ES AUCH

Wie oft ärgerst du dich darüber, wenn die Dinge nicht so laufen, wie du es dir wünschst? Das beginnt beim verpassten Taxi und endet beim verpassten Traummann oder der Traumfrau, die partout nichts von einem wissen will. Ich gebe zu: Viele Jahre lang habe ich selbst mit verpassten Chancen gehadert. Inzwischen habe ich ein großes Urvertrauen in mein Schicksal. Ich denke mir: »Wenn es etwas für mich ist, bekomme ich es eh. Und wenn ich es nicht bekomme, war es nix für mich.« Das klingt fatalistisch, hat sich in der Praxis aber häufig bestätigt und bewährt. Ich wollte beispielsweise unbedingt eine bestimmte Aktie kaufen, doch mein Limit (der Höchstpreis, den ich angesetzt hatte) war zu niedrig. Ich ging leer aus, die Aktie ging durch die Decke, ich ärgerte mich kräftig. Ein paar Wochen später stürzte der Kurs wieder ab. Wahrscheinlich hätte ich zu spät verkauft und viel Geld verloren. Ähnlich war es bei einem Job. Mein erstes »richtiges« Engagement beim Radio dauerte nur wenige Monate, dann wurde die Sendung eingestellt und das ganze Team bekam die Kündigung. Ich war am Boden zerstört. Doch ohne diesen Rauswurf hätte ich niemals meinen nächsten Job bei einem größeren Sender bekommen. »Ob Glück oder Unglück, wird sich zeigen«, sagt man in China.

Dazu gibt es eine bekannte Geschichte von einem Bauern, dem sein einziges Pferd davonläuft. Als seine Nachbarn sein Unglück beklagen, antwortet der Bauer: »Glück oder Unglück, wer weiß das schon?«

Kurze Zeit später kommt das Pferd zurück und bringt ein Wildpferd mit. Als die Nachbarn ihn zu seinem Glück gratulieren, sagt der Bauer: »Glück oder Unglück, wer weiß das schon?«

Der Sohn des Bauern will das Wildpferd zureiten, wird abgeworfen und bricht sich ein Bein. »Welch ein Unglück!«, meinen die Nachbarn. Der Bauer antwortet: »Glück oder Unglück, wer weiß das schon?«

Ein paar Wochen später rekrutieren Beamte des Kaisers Soldaten für den Kriegseinsatz und nehmen alle jungen Männer des Dorfes mit. Nur der Sohn des Bauern bleibt aufgrund seines gebrochenen Beines verschont. Und was der Bauer den Nachbarn antwortet, die meinen, das sei aber ein großes Glück, das kannst du dir inzwischen denken.

Ich habe für mich selbst eine Regel aufgestellt, die sogar weiter geht als die des Bauern. Sie ist sehr einfach und lautet: »Für mich ist es so, wie es gekommen ist, sicher Glück. Denn ich habe immer Glück im Leben.« Das ist einer meiner fest eingemeißelten Glaubenssätze. Und wenn ich mal das Gefühl habe, jetzt hätte ich Pech, suche ich sofort nach dem Glück, das dieses »Pech« mit sich bringen könnte, denn ich habe doch »immer Glück im Leben«.

»Wenn es etwas für mich ist, bekomme ich es. Und wenn ich es nicht bekomme, war es nichts für mich« – mit dieser Haltung wirst du sehr viel gelassener durchs Leben gehen. Ob du dabei Gott vertraust, Buddha, Allah oder dem Universum: Sei dir sicher, was im Leben für dich bestimmt ist, das wirst du auch bekommen. Das bedeutet nicht, dass alles von selbst geht und du dich bequem zurücklehnen kannst. Ich halte es da eher mit Altmeister Goethe, der im Faust II die Engel verkünden lässt, »Wer immer strebend sich bemüht, den können wir erlösen«. Ein Satz, den mir mein Vater immer vor Proben in der Schule gesagt hat. Goethes schöner Vers bedeutet für mich: Wenn ich etwas wirklich will, tue ich alles dafür, was in meiner Macht steht, was mir vernünftig erscheint und was zu mir passt: Ich tue alles, um einen Auftrag zu bekommen, einen Kunden zu überzeugen, einen Menschen für mich zu gewinnen. Und wenn es dann nicht klappt, obwohl ich mich »strebend bemüht« habe, dann hat es halt nicht sein sollen. Dann war er/sie/es nicht für mich gedacht. Und dann kann ich meine Enttäuschung schnell überwinden und mich gelassen anderen Dingen zuwenden. Diese Lebensregel bringt also sehr viel Gelassenheit ins Leben – auch in deines, wenn du sie für dich zulässt und verinnerlichst.

*DU KANNST NICHT **„NORMAL“** SEIN UND **„UNNORMALE“** ERGEBNISSE ERWARTEN*

Im Film ist es ganz einfach: Da wird das Mauerblümchen aus der Klasse *Plötzlich Prinzessin*, ganz ohne eigenes Zutun, denn für seine Geburt kann ja nun wirklich keiner was. Oder ein schüchterner Reporter namens Clark Kent rettet als Superman die Welt, sobald er von seiner wahren Herkunft vom Planeten Krypton erfährt und übermenschliche Fähigkeiten in sich entdeckt. Der Traum vom Normalo oder von der Normaline, deren Leben sich ohne eigene Anstrengung spektakulär verwandelt, garantiert Blockbuster in Serie. Im echten Leben führen die meisten Menschen ein Leben in grauer bis maximal hellgrüner Routine: Aufstehen um halb sieben, Arbeit bis fünf, mittwochs Sport, freitags Einkaufen, in der Pizzeria um die Ecke immer die Nummer zwölf und Sex am Samstag. (Kleiner Scherz am Rande, welches Gericht bestellt der Dalai Lama in der Pizzeria? »Eins mit allem.«)

Routine an sich ist übrigens gar nichts Schlechtes: Sie entlastet und gibt Sicherheit und sorgt im Falle der Zahnputz-Routine für angenehmen Atem. Ein Leben ohne Routine ist ziemlich anstrengend, wie jeder weiß, der sich nach seiner ersten Fahrstunde fühlte, als hätte er Steine geschleppt. Oder der schon mal in einem Land war, in dem er weder die Sprache noch die Kultur verstand. Wie erholsam ist es dann, wenn alles wieder »normal« ist! Doch *nur* normal ist eben total vorhersehbar und bestenfalls langweilig. Wenn nicht trist. Deswegen zählt dieser Lebenssatz zu meinen Lieblingssätzen: »Du kannst nicht ›normal‹ sein und ›unnormale‹ Dinge erwarten.« Tu lieber ab und zu etwas nicht ganz so Genormtes und Normales, wenn du dich nach Abwechslung oder Aufregendem sehnst. Statt dein Geld ins Kino zu tragen, könntest du etwas tun, was du noch nie getan hast, z. B. Kickboxen lernen, Kochkurse für Kinder organisieren oder ein Kanu mieten. Wobei das nur ein paar von den unzähligen Möglichkeiten allein mit »K« sind. In Franken kannst du auch die »Karage« ausmisten.

Kommunikation ist eine andere Wundertüte, die dein Leben lebendiger gestaltet. Wenn ich mit einem Bekannten durch mein Viertel laufe, sagt der spätestens nach 500 Metern: »Mike, du kennst aber auch wirklich jeden!« Das kommt, weil ich ziemlich außerhalb der Norm kommuniziere.

Sprich freundlich (!) sogar mit Fremden (!!), rede. Wenn ein Münchner in die Bäckerei geht, klingt das normalerweise so: »2 Brez'n bitte. – Danke – Servus.« Bei mir klingt das so: »2 Brez'n bitte. Na, war schon viel los?« – Verkäuferin: »Die Hölle.« – MH: »Wegen dem Brückentag?« – Verkäuferin: »Ich sag's eanna. Als gäb's kein Morgen.«- MH: »War das schon immer so?« – Verkäuferin: »Solang i Brez'n verkauf.« – MH: »Na dann, schönen Feiertag!« – Verkäuferin: »Eana auch.« – MH: »Wie heißen Sie eigentlich?« – Verkäuferin: »I bin die Frau Huber.« – MH: »Ich bin der Mike Hager. Servus!«

Nach einem halben Jahr bin ich da mindestens Lieblingskunde, wenn nicht glücklich verheiratet. Altmodisch-analoge Kommunikation macht dein Leben bunter als alle Social-Media-Kanäle zusammen. Du musst also nicht gleich superaufregende, supergefährliche Dinge tun, um »unnormale« Ergebnisse zu erhalten. – Wobei: Die folgende Geschichte des leider viel zu jung gestorbenen Christoph Schlingensief kann schon nachdenklich machen. Schlingensief inszenierte in Manaus (Brasilien) eine Wagner-Oper. In einem postum veröffentlichten Buch mit seinen Texten wundert er sich über das Faultier, das dort 95 Prozent seiner Zeit träge im Baum hängt. Nur einmal pro Woche klettert es in Faultierzeitlupe hinunter auf den Waldboden, um zu kacken. Der gefährlichste Moment in seinem Leben, denn dort unten könnte der Puma lauern. Schlingensief: »Warum macht das Faultier das? (...) Weil es höflich ist? Weil es denkt, ich gehe lieber runter und mache da mein Häufchen, sonst scheiße ich vielleicht jemandem auf den Kopf? Ich glaube ja eher, das Faultier geht runter, weil es ab und zu dem begegnen muss, was ihm Angst macht, um lebendig zu bleiben.« (aus: Chr. Schlingensief, *Ich weiß, ich war's*. Köln: Kiepenheuer & Witsch 2012) Übrigens kannst du auch dieses Gesetz mal wieder sehr gut auf das Thema Geld anwenden. Wer normal ist, also alles tut, was alle tun, bekommt auch das, was alle haben. Wer *mehr* will, muss was anderes tun als die anderen, also unnormal sein. Probier's doch mal aus.

# AUSBLICK

## »ICH WERDE MILLIONÄR!«

Mit Mitte zwanzig ging es mir finanziell ziemlich mies. Wobei das noch eine Untertreibung ist: Ich hatte mich an der Börse verspekuliert, gleichzeitig forderte das Finanzamt eine hohe Steuervorauszahlung fürs nächste Jahr. So ergeht es einem als Selbstständigen, wenn man im laufenden Jahr einigermaßen verdiente. In Summe hatte ich von heute auf morgen 35.000 Euro Schulden. In dieser Situation beschloss ich: Erstens, so etwas passiert mir nie wieder. Und zweitens, mit 40 bin ich Millionär. Während ich das dachte, lebte ich in einer Studenten-WG und ernährte mich von Nudeln mit Tüten-Tomatensauce. Das mag man größenwahnsinnig finden, aber das große Ziel hat sich bewährt. Ich sparte eisern, ergriff jede Möglichkeit, Geld zu verdienen, und trug den aufgenommenen Kredit zügig ab. Gleichzeitig investierte ich klüger und überlegter als vorher, hauptsächlich in Immobilien.

Ich habe mein Ziel verfehlt. Schon mit 35 stellte ich eines Tages fest, dass ich bereits Millionär war, wenn ich meine Vermögenswerte addierte. Ich war also fünf Jahre zu früh dran. Geholfen hat mir das Finanz-Know-how, das ich mir nach meiner Bruchlandung aneignete und das ich heute an andere weitergebe. Geholfen hat mir darüber hinaus konsequentes Handeln und ein Leben im Vertrauen auf mich selbst und in Großzügigkeit für andere, nach meinem Lebensmotto: »Immer sparen, immer spenden, immer investieren.«

# ENTWICKLUNG:

## GESTALTE DEINE ZUKUNFT

Ich vermute, die Menschen haben schon immer Angst vor der Zukunft gehabt – die einen mehr, die anderen weniger. Heute fürchten sich viele Menschen vor dem Klimawandel und den Folgen der Digitalisierung. Vor 150 Jahren bedrohte die Industrialisierung die gewohnte Welt. Spinnmaschine und mechanischer Webstuhl machten damals viele arbeitslos. Im Neandertal haben sich die Menschen wahrscheinlich davor gefürchtet, dass das Wild ausbleibt. Manche Sorgen sind begründet, andere in etwa so sinnvoll, wie die Befürchtung des unerschrockenen Gallier-Häuptlings Majestix, der Himmel könnte ihm auf den Kopf fallen.

Manchmal hilft es schon, sich zu fragen, welche unserer Sorgen in der Vergangenheit sich tatsächlich als sinnvoll erwiesen haben. Viel sinnvoller ist es allerdings, seine Zukunft selbst in die Hand zu nehmen. Denn wer handelt, ist immer im Vorteil!

„
Wer nicht mit
der Zeit geht,
geht mit der Zeit
"

»Nichts ist so beständig wie der Wandel«, meinte der Philosoph Heraklit schon vor rund 2.500 Jahren. Dabei muss das Leben zu seiner Zeit recht gemächlich verlaufen sein, mit Eselskarren statt Schnellzug und jahrhundertealten Handwerkskünsten. Doch stell dir vor, dein Urgroßvater, der nur 80 bis 100 Jahre vor dir auf die Welt kam, könnte dich im Rahmen einer Zeitreise als Gleichaltriger besuchen. Unser Alltag mit Smartphone, Internet, Carsharing und Online-Handel wäre für ihn eine reine Science-Fiction-Welt.

Fortschritt gab es schon immer, doch heute rast der Fortschritt förmlich, statt nur zügig »fortzuschreiten«. Es handelt sich hier also eher um einen Fort-rast. Wer sich da wegduckt, wird früher oder später abgehängt. Das ist gemeint mit der Warnung: »Wer nicht mit der Zeit geht, geht mit der Zeit.« Viele Traditionsmarken wurden auf diese Weise vom Markt gefegt oder versanken in der Bedeutungslosigkeit: Grundig, Märklin, Kodak, Nokia, Quelle, um nur ein paar aufzuzählen, die eine oder andere kennst du wahrscheinlich selbst schon nicht mehr. Teenager von heute können gar nicht glauben, dass Nokia vor wenigen Jahrzehnten den weltweiten Handymarkt dominierte.

Was für die Wirtschaft gilt, gilt auch für jeden Einzelnen von uns. Das ist ein harter Brocken für alle, die Veränderungen nicht mögen – also für eine ganze Reihe von Menschen. Dabei ist es ganz normal, sich gelegentlich zu wünschen, dass mal eine Weile alles so bleibt, wie es ist, und Ruhe einkehrt. Wenn du es dir in dieser Haltung aber dauerhaft gemütlich machst, wirst du in vielen Bereichen deines Lebens auf Probleme stoßen, weil sich die Welt immer weiterentwickelt, die Technik, das Berufsleben, dein Umfeld, dein Partner oder deine Partnerin, die Art, wie wir leben, wohnen, essen, unsere Freizeit verbringen ... Und vieles wird dadurch ja auch einfacher, schneller und bequemer. Wer wollte heute noch zum Postamt aufbrechen, um eine Adresse nachzuschlagen, sich vor einer Telefonzelle anstellen oder einen Brief auf der Schreibmaschine tippen und ihn dann zum Briefkasten tragen? Und auch in deiner persönlichen Entwicklung ist Stillstand gleich Rückschritt. Mit 16 zu feiern, als gäbe es kein Morgen, auf Verantwortung zu pfeifen und permanent verrückte Dinge anzustellen, ist normal. Wer sich mit 40 noch genauso verhält, hat ein Riesenproblem. (Wer sich mit 16 schon verhält wie ein Vierzigjähriger auch, aber das ist ein anderes Thema.) Deswegen möchte ich dich ermutigen, Veränderungen immer als eine Chance zu begreifen. Lauf nicht vor ihnen davon, geh mit. Interessiere dich, schau dir an, ob das Neue was für dich ist. Verwerfen kannst du es dann immer noch. Vielleicht entdeckst du aber auch, dass es genau dein Ding ist.

Ich war einer der Ersten in meinem ganzen Freundes- und Bekanntenkreis, der Bitcoin kannte. Ich habe Bitcoin zu einem aus heutiger Sicht lächerlich niedrigen Kurs gekauft und sehr viel teurer verkauft und so Erfahrungen damit gesammelt. Später konnte ich mich dank dieser Erfahrungen ähnlich erfolgreich im Bereich der NFTs bewegen. Ich habe früh angefangen, digitale Produkte zu entwickeln, weil ich mich nicht drauf verlassen wollte, dass ich in zehn Jahren noch auftreten kann. Dann kam Corona, und ich war heilfroh, dass ich digitale Mentorings, Videoangebote und Ähnliches nicht für neumodisches Technikzeugs gehalten hatte. Mir Neues anzueignen hat mich sehr oft weitergebracht. Deswegen schau immer: Wo kann ich mich weiterentwickeln? Wo kann ich was Neues lernen? Was gibt es für neue Technologien? Welche neuen Lebens- und Arbeitsbereiche entstehen gerade? Du solltest immer versuchen, mit der Zeit zu gehen, und entscheiden, wo du dich verändern willst und kannst. Dann musst du dir um deine Zukunft keine Sorgen machen. Und glaub mir: Veränderungsfreude ist wie ein Muskel, der wächst, wenn man ihn trainiert.

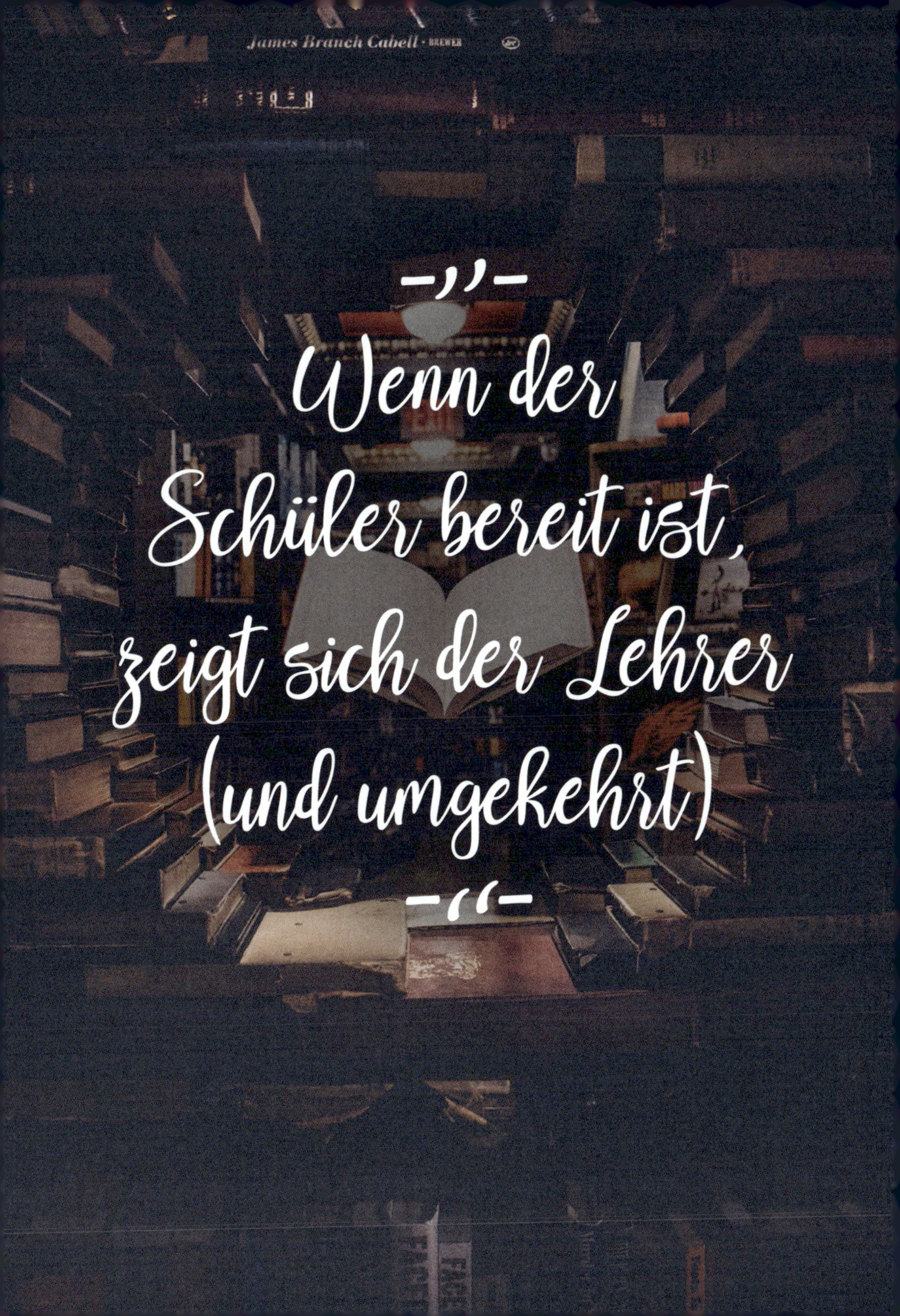
James Branch Cabell · BREWER
„Wenn der Schüler bereit ist, zeigt sich der Lehrer (und umgekehrt)“

Wieder ein Satz, der sperrig klingt und doch etwas beschreibt, das wir alle kennen. Wie oft hast du schon gedacht: »Wenn ich das damals schon gewusst hätte, dann hätte ich anders handeln können!«? Wenn ich mit 20 schon gewusst hätte, wie wichtig Geldanlagen sind, wäre ich heute wohlhabend. Wenn ich geahnt hätte, wie unzuverlässig dieser Mann ist, hätte ich auf meine Eltern gehört und ihn nicht geheiratet. Tja, hätte, hätte, Fahrradschlauch, wie es so schön heißt, denn solche Gedanken sind vollständig sinnbefreit. Wer hört schon auf seine Eltern, solange er an die große Liebe glaubt? Und wer beginnt mit 20 mit dem Sparen und Anlegen, nur weil ein alter Sack ihm erklärt, das sei wichtig? Immer wenn du reuig sagst, »Hätte ich damals doch …«, wärst du zum damaligen Zeitpunkt kaum bereit gewesen, die Botschaft anzunehmen. Also besteht auch kein Anlass, sich zu grämen. Es ist, wie es ist. Um gute Ratschläge oder wertvolle Hinweise anzunehmen, muss man selbst dafür offen sein. Das meint der Satz, »Wenn der Schüler bereit ist, zeigt sich der Lehrer.«. Ist der Schüler noch nicht bereit, könnte sich ein Lehrer (wohlmeinender Freund, Mentor, Erziehungsberechtigter) den Mund fusselig reden – er würde kein Gehör finden.

Diese Erkenntnis ist uralt. »Wenn der Schüler bereit ist, erscheint der Meister«, sagt ein chinesisches Sprichwort, und auch in der Zen-Philosophie spielt dieser Gedanke eine wichtige Rolle. Vertrau darauf, dass sich die richtigen »Lehrer« dir zeigen werden, sobald du bereit bist für ihre Botschaften. Nur auf diese Weise entwickeln wir uns weiter: Wir merken selbst, dass etwas nicht mehr stimmt in unserem Leben, dass wir neue Impulse brauchen, in einem bestimmten Bereich anders handeln sollten, weil wir in einer Sackgasse stecken. Und dann zeigen sich plötzlich auch die Menschen, die uns dabei helfen könnten. Die gab es vorher auch schon, aber wir haben sie nicht gesehen, sie nicht beachtet, ihnen nicht zugehört. Wir hätten sie auch dann nicht gehört, wenn sie direkt vor uns gestanden und ihre Botschaften per Lautsprecher verbreitet hätten. Jetzt ist das anders: Wir erkennen, warum sie wichtig für uns sind. Für meinen Erfolg waren die richtigen Mentoren enorm wichtig: Finanz-Mentoren,

Immobilien-Mentoren, Mentoren im Bereich der Persönlichkeitsentwicklung. Sie sind immer erst dann in mein Leben getreten, als ich als Schüler bereit war. Hab also Vertrauen, dass das bei dir auch so ist. Und solange du denkst, »Ich will jetzt keinen Lehrer, ich will meinen Weg selbst finden«, ist das auch völlig in Ordnung.

Der Satz gilt übrigens auch genau umgekehrt: »Wenn der Lehrer bereit ist, zeigt sich der Schüler.« Wenn du andere Menschen unterstützen und ihnen dein Expertenwissen mitgeben willst, und du zweifelst an deinem Weg, weil du keine Schüler (Kunden, Klienten, Mentees ...) findest, dann kannst du dir sicher sein: Es fehlt zu diesem Zeitpunkt in deiner Entwicklung noch etwas, um ein guter Lehrer zu sein. Wenn alles passt, werden sich die Schüler schon zeigen. Deswegen mach dich in dieser Situation auf die Suche danach, wie du dich als Lehrer weiterentwickeln kannst, um deinen Schülern mehr geben und sie besser begleiten zu können. Und wenn du in deiner Entwicklung vorangekommen bist, wirst du sehen, dass deine Schüler sich wie von selbst zeigen.

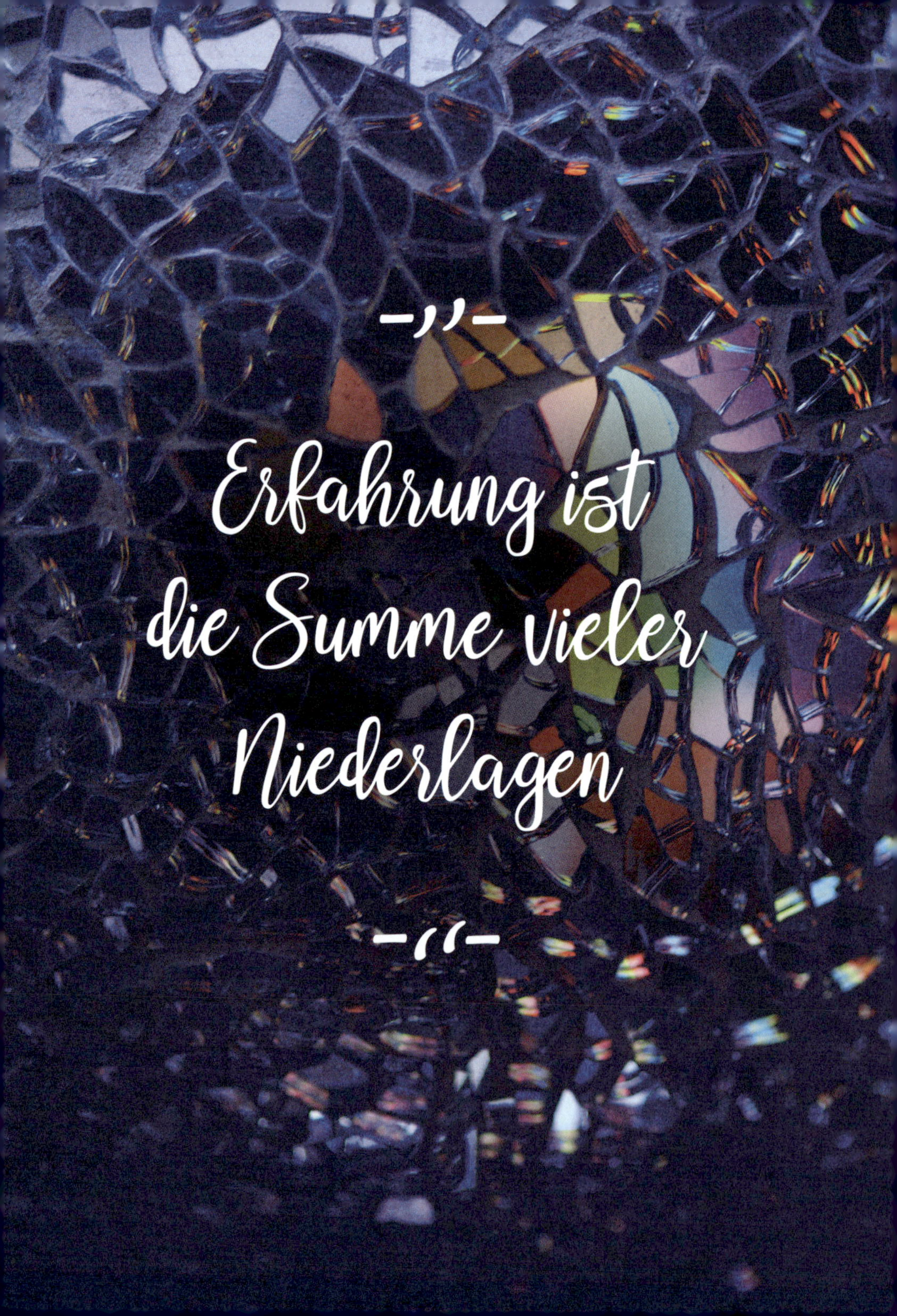

„Erfahrung ist
die Summe vieler
Niederlagen“

Das ist für mich ein echter Mutmacher-Satz: »Erfahrung ist die Summe vieler Niederlagen«. Das bedeutet: Alles, was du heute bist und weißt und kannst, hat zu großen Teilen damit zu tun, dass du gelegentlich, vielleicht sogar oft, auf die Nase gefallen bist und daraus gelernt hast. Ein Kind, das nicht hinfällt, lernt niemals laufen. Ein Surfer ist am Anfang mehr im Wasser und paddelt als auf dem Brett. Wenn ich so drüber nachdenke, sollte dieser Sport Paddeln heißen und nicht Surfen. Ich kenne niemanden, der auf einem Gebiet wirklich spitze ist und der zu Beginn nicht auch Fehler gemacht hat. Ich selbst bin das beste Beispiel dafür: Ohne eine finanzielle Bruchlandung mit Mitte Zwanzig wäre ich heute nicht Millionär. Das bedeutet: Jede Niederlage, jeder Misserfolg und jede Panne haben auch etwas Gutes. Du weißt dann, was nicht funktioniert und was du beim nächsten Versuch anders machen solltest. Starrköpfe, die beharrlich wieder und wieder denselben Fehler begehen, nehme ich hier mal ausdrücklich davon aus. Die meisten von uns sind ja lernfähig – spätestens dann, wenn es weh tut.

Das kannst du auf alle Lebensbereiche übertragen. Du hast beispielsweise eine Beziehung beendet, in der du nicht glücklich warst. Und danach wieder eine Beziehung, in der dir dasselbe passiert. Und noch eine. Jedes Mal fühlt sich das für dich an wie eine Niederlage, aber wenn du ehrlich bist und dich fragst, »Worin liegt der Fehler, den ich immer wieder mache? Was möchte ich in einer Beziehung definitiv künftig anders erleben? Was sind meine Learnings?«, dann hast du die Chance, eine wirklich glückliche Beziehung zu führen, weil du bestimmte Muster zukünftig vermeidest und stattdessen andere Muster etablierst. Ähnlich ist es im beruflichen Bereich, wenn du mehrfach das Handtuch geworfen hast oder sogar rausgeflogen bist. Die wichtigsten Fragen lauten dann: »Was in meinem Verhalten hat dazu geführt, dass mir das passiert? Welche Fehler habe ich gemacht?« Es ist ungeheuer wichtig, sich Niederlagen einzugestehen und sich nach dem eigenen Anteil daran zu fragen. Nur wenn du Verantwortung übernimmst, kannst du Lehren daraus ziehen und entwickelst dich weiter. Wenn immer »die anderen« schuld sind, wirst du dir eine blutige Nase nach der anderen holen – wie ein Insekt, das so lange gegen die Straßenlaterne knallt, bis es schließlich zerquetscht auf dem Gehsteig landet.

Im Immobilien-Mentoring hatte ich vor einiger Zeit jemanden in der Gruppe, der meinte, in Immobilien würde er »nie wieder« investieren. Interessant, dass er trotzdem teilnahm, aber das nur am Rande. Seine Begründung: Er habe schon mal eine Wohnung gekauft, die er zum halben Preis wieder verkaufen musste. An dem Standort sei die Bevölkerungsentwicklung negativ gewesen, sodass irgendwann ein Wohnungsüberschuss bestanden hätte. Er hätte kaum noch Mieter gefunden. In meinen Augen hatte der Teilnehmer auf (zugegeben kostspielige) Weise die allerwichtigste Immobilienregel gelernt: Was zählt, ist erstens die Lage, zweitens die Lage und drittens: die Lage. Dieser Fehler dürfte ihm nie wieder passieren, weil er am eigenen Leib erlebt hat, welche Faktoren den Wert einer Immobilie bestimmen. Erfahrung ist die Summe vieler Niederlagen. Oder denk an Menschen, die mal pleitegegangen sind oder eine Firma mit großem Verlust in den Sand gesetzt haben. Was, wenn so jemand sagen würde: »Mensch, da hab' ich jetzt aber mal ordentlich Geld in meine Ausbildung investiert! Jetzt bin ich schlauer und wenn man es genau nimmt, sogar wertvoller.« Deshalb empfehle ich dir: Lass dich von Niederlagen nicht unterkriegen. Verbuche sie als Erfahrung, münze sie um in Siege oder Fortschritte für deine persönliche Entwicklung. Fang gleich damit an und schreib mal die Learnings aus deiner letzten Niederlage auf. Wo hat sie dich hingebracht und wo könnte sie dich hinbringen? Wenn du alle deine Niederlagen so brandest, wirst du Riesenfortschritte machen in deinem Leben!

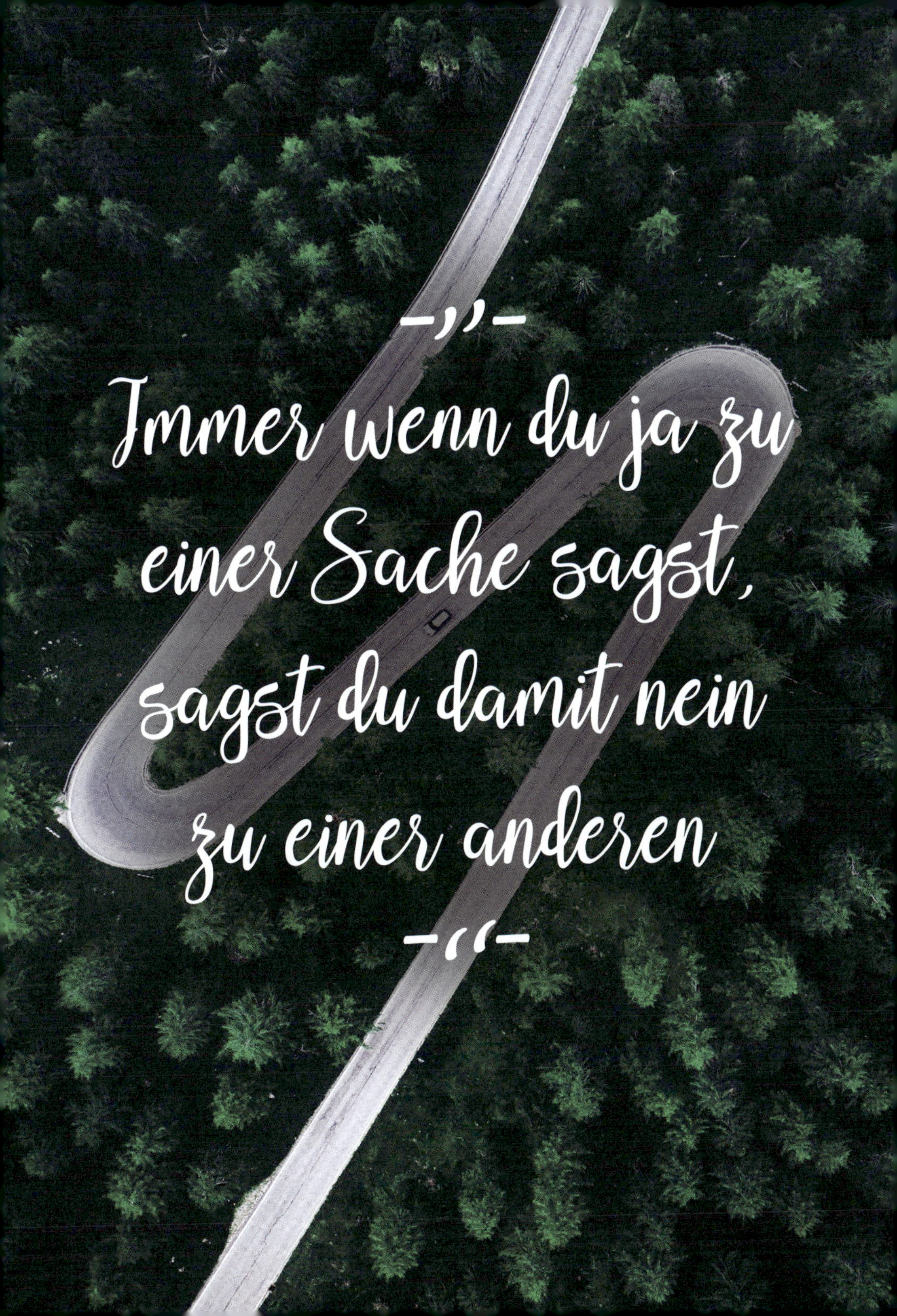
„
Immer wenn du ja zu
einer Sache sagst,
sagst du damit nein
zu einer anderen
“

Vielen Menschen ist gar nicht bewusst, dass in jedem Ja gleichzeitig mindestens ein Nein steckt. Und weil es den meisten Menschen erheblich leichter fällt, ja zu sagen als nein, manövrieren wir uns durch diesen blinden Fleck in unserer Wahrnehmung in Situationen, in die wir eigentlich nie kommen wollten. Beispiele:

Wer ja zum Chef und zu mehr Überstunden sagt, sagt gleichzeitig nein zum Treffen mit Freunden, zu mehr Zeit mit der Familie und auch zu mehr Zeit für sich selbst.

Wer ja zu Projekt X, Kunde Y oder Aufgabe Z sagt, sagt nein zu möglicherweise spannenderen Projekten/Kunden/Aufgaben, für die er dann keine Zeit mehr hat.

Wer ja und Amen zu vielen Wünschen von Eltern, Verwandten, Partnern sagt, sagt letztlich nein zu einem selbstbestimmten Leben. Das beginnt bei der Art, wie »man« Weihnachten feiert, und endet bei der zähneknirschenden Übernahme der elterlichen Schraubenfabrik, obwohl man lieber Archäologe oder Komiker geworden wäre – in dieser Familientradition für die Familienmitglieder beides ein Witz.

Wie viele von den Dingen, die wir tagtäglich tun, tun wir, weil wir sie tun wollen? Und wie viele haben wir nur deswegen am Hals, weil wir in einem schwachen Moment nicht nein gesagt haben? Der Alltag vieler Menschen ist vollgepackt mit Banalitäten, Ärgernissen und zähneknirschend erledigten Gefälligkeiten. Was einem eigentlich wichtig ist, wird darunter begraben. Doch wer möchte schon auf seinem Grabstein stehen haben, »Hier ruht XY. Endlich hat er Zeit für das, was er wirklich wollte.«

Und dann gibt es da auch noch die Jas, die uns deswegen leichter fallen, weil sie kurzfristigen Lustgewinn versprechen, während ein Nein sich erst langfristig auszahlen würde:

Wer ja zum Burger mit Pommes sagt, sagt auch heute wieder nein zu gesundem Essen.

Wer ja zu Couch und Netflix sagt, sagt nein zu allen Beschäftigungen, die ihn persönlich weiterbringen könnten.

Wer ja zu teuren Statussymbolen sagt, sagt nein zu seiner finanziellen Freiheit und Unabhängigkeit.

Ich möchte dich deswegen ermutigen, ab sofort bewusster nein und auch bewusster ja zu sagen, denn beides hat Konsequenzen. Wie du nein sagst, kannst du übrigens in Kapitel 33 nachlesen (»Ein Nein ist ein ganzer Satz«).

„Was nicht wächst, stirbt"

Wann hast du das letzte Mal etwas zum ersten Mal getan? Wann hast du etwas zum ersten Mal gesehen, gehört oder – besser noch – selbst ausprobiert? Wenn du darüber länger nachdenken musst, ist diese Mindset Minute für dich ganz persönlich. Was nicht wächst, stirbt. Klingt krass, ist aber tatsächlich so. Alles, was in der Natur nicht mehr wächst, geht ein. Der Stillstand ist der Tod. Das gilt auch im übertragenen Sinne. Ein Mensch, der irgendwann beschließt, dass er schon alles erlebt hat, und der sich für nichts mehr interessiert, stirbt den stillen Tod der Resignation und Langeweile. Du kennst das vielleicht von manchen Behörden oder Büros, wo du reingehst und das Gefühl hast, du musst ersticken. Die Langeweile des Todes saugt dich rein. Hier hat sich seit Jahren nichts mehr verändert, selbst die Topfpflanzen lassen die Blätter hängen, und es regiert Management by Champignon: Sobald sich ein heller Kopf zeigt, wird er abgeschnitten! Wenn du selbst in so einer Todeszone gelandet bist, such das Weite. Oder such dir zumindest in deinem übrigen Leben einen Ausgleich, der dich fordert.

Eine der wertvollsten Erkenntnisse meines Lebens ist die Einsicht, wie wichtig es ist, immer weiter zu lernen und sich zu entwickeln. Wenn du irgendwann an einem Punkt bist, wo du sagst, »So, jetzt habe ich genug gelernt. Jetzt möchte ich aufhören damit«, dann sollten bei dir alle Alarmglocken klingeln und schrillen, und zwar so laut wie nur möglich. Versuche jeden Tag, dir etwas in dein Leben zu holen, das dich voranbringt. Unterhalte dich mit interessanten Menschen, hör Podcasts oder lies Bücher, schau dir YouTube-Videos an. Das Internet ist voll mit Wissen. Mach es dir zur festen Aufgabe, jeden Tag 10 Minuten, 15 Minuten, 30 Minuten oder eine Stunde Wissen aufzusaugen. Arbeite stetig daran, als Person zu wachsen, trainiere nicht nur deinen Körper, sondern auch deinen Geist. Lass dich nicht in Echo-Kammern im Netz locken, in denen alle immer einer Meinung sind. Interessant wird es dort, wo du etwas wirklich Neues erfährst. Wenn du mit wachem Geist durchs Leben gehst, ist das nicht nur spannender für dich. Du bewahrst dir deine Unabhängigkeit und du wirst Möglichkeiten für dich entdecken, die dir sonst verborgen geblieben wären. Du kannst kein Gericht kochen, das du nicht kennst, keinen Beruf ergreifen, von dem du noch nie gehört hast, keine Sportart lernen, von der du gar nicht wusstest, dass es sie gibt. Vielleicht steckt in dir ja ein begnadeter Square Dancer oder Kitesurfer? Wenn du es nicht ausprobierst, wirst du es nie erfahren.

Halt einen Moment inne und denk darüber nach, wann du dich besonders lebendig gefühlt hast und welche Erlebnisse sich förmlich in dein Gedächtnis eingebrannt haben. Ich wette mit dir: Vielfach waren es Momente, in denen du etwas Neues, bis dahin Unbekanntes getan hast. Und zwar schöne wie schreckliche Momente, also auch Dinge, die richtig schiefgegangen sind und die du allenfalls nach drei Weißbier einem Freund unter dem Schwiegel der Versiegenheit erzählst. Hicks! Doch auch diese Erlebnisse bringen uns weiter. Erfahrung ist die Summe vieler Niederlagen, auch dadurch wachsen wir (vgl. Kapitel 41). Also immer rein ins pralle Leben. Nimm das wirklich mit, es ist eines der wichtigsten Kapitel in den Mindset Minuten. Ich kann dir versprechen, dein Leben wird nicht mehr aufhören, großartig und fabelhaft zu sein. Du bleibst jung im Kopf, wenn du dir deine Neugier und Lernlust bewahrst. Den ersten Schritt dazu hast du ja längst getan, indem du dieses Buch liest. Gratulation hierfür! Also pack mas!

# AUSBLICK

## DIE EIGENEN FINANZEN GESTALTEN

»Ach! Reines Glück genießt doch nie, / Wer zahlen soll und weiß nicht wie!«, dichtete Wilhelm Busch in seinem völlig zu Unrecht vergessenen Werk *Maler Klecksel*. Wie weise. Geld mag nicht alles sein im Leben. Aber ohne Geld ist eben alles nix. Ich bin überzeugt davon, jeder Mensch sollte danach streben, finanziell frei zu werden. Niemand sollte sich Sorgen machen müssen, ob er die Miete bezahlen oder die kaputte Waschmaschine ersetzen kann. Zur Gestaltung der eigenen Zukunft gehört deshalb auch (und nicht zuletzt!) der bewusste Umgang mit den eigenen Finanzen. Und damit meine ich nicht, am 25. eines Monats kurz mal nachzuschauen, ob noch genug bis zum Monatsende auf dem Konto ist oder ob der Kneipenabend heute ausfallen muss. Ist es nicht verrückt, dass viele Menschen sich stundenlang mit der Suche nach dem perfekten Ferienhotel oder dem schicksten Smartphone beschäftigen und nicht eine Minute damit, wie sie ihr Geld anlegen könnten? Oder damit, wie sie ihr Ausgabeverhalten so gestalten, dass überhaupt noch was zum Anlegen übrigbleibt? Mein Eindruck ist: Hinter dieser Unlust steckt ganz viel Unsicherheit. Diese Unsicherheit auszuräumen ist Ziel meiner Bücher, meiner Videos und meiner Mentorings. Wenn dich das interessiert, schau dich doch einfach mal auf meinem YouTube-Kanal um. Dort bekommst du kostenlos, aber sehr verbindlich eine Menge Informationen zu verschiedensten Anlagethemen – vom Vermögensaufbau mit kleinem Geld bis zu modernen Anlageformen wie NFTs. Die sind nicht ohne Risiken, bieten gut Informierten aber auch die Chance auf hohe Gewinne, wie du in meinem Buch *Reich mit NFTs* erfährst.

# DIE ANDEREN:

## DEIN LEBEN IST ZU KURZ FÜR FALSCHE FREUNDE

»Keine Zeit«, das ist das Mantra unserer Tage. Alle sind ständig im Stress. Wer es nicht ist, macht sich verdächtig. Ich dagegen finde, der alte Seneca hatte recht, denn der wusste schon 2000 Jahre vor Erfindung des Zeitmanagements: »Es ist nicht wenig Zeit, die wir haben, sondern es ist viel Zeit, die wir nicht nutzen.« Und wenn wir mal ehrlich zu uns selbst sind, steckt hinter »ich habe keine Zeit« meistens eher »DAFÜR möchte ich mir keine Zeit NEHMEN«, stimmt's? 😉

Eine der besten Möglichkeiten, seine Zeit zu verwenden, besteht darin, sie mit anderen Menschen zu verbringen. Mit Menschen, die uns zum Lachen bringen, uns inspirieren, uns Vorbilder sind, mit denen wir Ideen aushecken können – und weniger mit denen, die uns ärgern oder runterziehen. Zeit genug wäre da, denn angeblich sitzen wir im Schnitt allein zwölf Jahre unseres Lebens vor dem Fernseher. Vermutlich kann man da heute noch mal 125 Jahre fürs Smartphone drauflegen. Wie spannend dein Leben verlaufen könnte, wenn du dich ab und zu von Handy, Streaming oder Glotze ab- und den richtigen Menschen zuwendest, verraten die folgenden Mindset Minuten.

YOUR
NETWORK
IS YOUR
NET WORTH

Wörtlich übersetzt bedeutet die Überschrift: »Dein Netzwerk ist dein Nettovermögen.« Mit anderen Worten, du bist so reich wie die Menschen in deinem Netzwerk. Oder noch konkreter: Die Wahrscheinlichkeit ist groß, dass du in etwa so viel verdienst wie der Durchschnitt der Menschen, mit denen du am meisten Zeit verbringst. Rechne gern kurz nach, ob das ungefähr hinkommt. In den meisten Fällen trifft das zu; und falls es noch nicht zutrifft, bist du auf dem Weg dorthin. Es gibt auch noch eine andere Lesart dieser Weisheit: dass dein Einkommen mit der Qualität und der Größe deines Netzwerks steigt.

Manche Menschen finden es abwegig, Kontakte in Geld aufzuwiegen. Doch darum geht es gar nicht. Du kannst auch überlegen, wie gesund die Menschen in deinem engeren Netzwerk leben und wie es um deine eigene Gesundheit bestellt ist. Wie sportlich deine Kontakte sind. Wie ehrgeizig. Und so weiter. Auf dieser Welt schafft es keiner alleine. Wir alle brauchen Unterstützer, Freunde, Wegbegleiter. Deshalb entscheiden die Menschen, die wir in unser Leben lassen, mit darüber, wie unser eigenes Leben aussieht. Sie beeinflussen, wie hoch wir unsere Ziele stecken und welche Ziele wir uns überhaupt setzen. Ein Kind, das in einem Unternehmerhaushalt aufwächst, in dem schon am Frühstückstisch über Geschäftsideen geredet wird, setzt sich andere Ziele als eines, das gar nicht erst ein Frühstück bekommt und auch sonst sehen muss, wie es allein klarkommt.

Kein Mensch kann etwas für das Umfeld, in das er hineingeboren wird. Doch niemand ist lebenslang an dieses Umfeld gekettet. Spätestens als Erwachsene haben wir es in der Hand, wen wir in unser Leben hineinlassen. Jim Rohn, ein amerikanischer Motivationsguru hat einmal die These der »Average of Five« aufgestellt: Du wirst zum Durchschnitt der fünf Menschen, mit denen du am meisten zu tun hast. Für mich bedeutet das: Umgib dich mit erfolgreichen Menschen, und du wirst selbst erfolgreicher. Du führst andere Gespräche. Du bekommst andere Ratschläge. Du wirst eher ermutigt werden als ausgebremst. Dein Netzwerk sollte also nichts sein, das sich irgendwie »ergibt«, sondern du solltest schauen, wer dir guttut und wer dir bei beim Erreichen deiner Ziele helfen kann. Und natürlich auch, wem DU beim Erreichen seiner Ziele helfen kannst. Am besten schreibst du eine Netzwerkliste, in der du alle notierst, die sich in deinem Kontaktnetzwerk befinden. Wenn du dich in irgendeinem Bereich deines Lebens weiterentwickeln möchtest, dann versuche, dir Menschen in dein Netzwerk zu holen, die bereits da sind, wo du hinwillst. Wenn du schlank werden möchtest, such Kontakt zu Menschen, die das offensichtlich prima hinkriegen. Wenn du dein Geld vermehren willst, knüpfe Kontakte zu Menschen, die wohlhabend sind und sich mit Immobilien, Aktien und ähnlichen Themen auskennen. Sobald dein Blick auf diese Weise geschärft ist, wirst du Menschen begegnen, die zu dir passen. Du wirst auf andere Veranstaltungen gehen und du wirst bei Begegnungen andere Gespräche führen. Nicht zuletzt kannst du andere auch in dein Netzwerk holen, indem du deren Bücher liest, dir Videokurse anschaust oder in Seminaren ihr Wissen anzapfst.

Persönliche Kontakte kannst du durch eine ganz einfache Strategie anbahnen. Frag dich bei interessanten Personen zuallererst: Wie kann ich diesem Menschen nützlich sein? Ein solcher Nutzen kann ein kleiner Gefallen sein oder auch schlicht Wertschätzung. Versuch also nicht, jemanden gleich bei der ersten Begegnung plump »anzuhauen«. Gib etwas (und dann noch etwas mehr), bevor du irgendwann vielleicht etwas nimmst. Manchmal kommt die Hilfe dann sogar aus einer ganz anderen Ecke, einfach, weil du ein gutes Netzwerk hast, in dem du als hilfsbereit und integer geschätzt wirst. Je besser dein Netzwerk aufgestellt ist, desto besser sieht auch dein Leben aus. Halt also die Augen und Ohren offen, wann immer du interessanten Menschen begegnest.

**WENN DU EIN PROBLEM MIT EINEM ANDEREN HAST, GIBT ES NUR EINEN, MIT DEM DU DARÜBER SPRECHEN SOLLTEST.**

… und dieser jemand ist weder der liebe Herrgott, dein Therapeut noch deine Mutter, weder dein bester Freund noch die beste Freundin. Das macht es echt spannend, oder? Dabei ist die Antwort denkbar einfach: Wenn du ein Problem mit einem anderen hast, gibt es nur eine Adresse, an die du dich wenden solltest: an den Menschen, mit dem du das Problem hast. Dieses Gespräch ist das Einzige, in dem du klären kannst, ob der andere bereit ist, sein Verhalten zu ändern. Und danach kannst du entscheiden, wie du mit seiner Antwort umgehen willst. Mir fällt da eine Freundin ein, die mir wochenlang ihr Leid über ihren neuen Partner klagte: Der täte das und ließe jenes. Er habe die nervige Angewohnheit, … zu machen. Erst kürzlich hätte er wieder … Was, das verschweige ich hier natürlich, ich bin ja diskret. Nach dem dritten Gespräch zu diesem Thema fragte ich schließlich: »Du, was sagt denn eigentlich dein Partner, der Sowieso, selbst dazu?« Verblüffte Antwort: »Wieso? – Keine Ahnung. Mit dem hab' ich ja noch gar nicht gesprochen!«

Heidenei, wie der Schwabe sagt, wenn er kruzifix meint. Der arme Sowieso. Während die fünf besten Freundinnen und ich inzwischen über jede seiner Unzulänglichkeiten bestens im Bilde waren, hatte er wahrscheinlich keine Ahnung, was sich da zusammenbraut. Viele Männer meinen ja noch, es sei in der Beziehung alles in Butter, wenn schon der Möbelwagen vor der Tür hält. Verstehe mich bitte nicht falsch: Es ist völlig in Ordnung, seinen Kummer mit jemandem zu teilen und sich einen Rat zu holen. Nur sollte das nicht dazu führen, dass der Konflikt ewig weiter schwelt, ohne je ausgetragen und auch gelöst zu werden. Und eine Lösung gibt es nur, wenn du den Stier bei den Hörnern packst und das Gespräch mit dem Auslöser deines Ärgers oder Kummers führst. Solche Gespräche sind uns unangenehm, sie erfordern Mut. Doch gerade diese unangenehmen Gespräche bringen uns weiter (vgl. Kapitel 4 »Dein Lebenserfolg misst sich an der Zahl der unangenehmen Gespräche«).

Wie ging die Geschichte meiner Freundin aus? Sie fasste sich schließlich ein Herz und sagte ihrem Partner, was sie stört. Er gelobte Besserung, doch es änderte sich nichts. Es gab noch einige Gespräche, bis sie zu dem Schluss kam: »Ich glaube, ich muss mich trennen.« Es war keine leichte Zeit, doch heute ist sie froh darüber, gehandelt zu haben – und sehr glücklich mit jemand anderem.

Noch ein kleiner Nachtrag zum Thema »andere ändern«. Ich bin jetzt über 40. Autsch, jetzt ist es raus, dass ich das erste Drittel hinter mir habe. Glaub mir bitte: Ab einem gewissen Lebensalter gibt man die Hoffnung auf, jemand anderen ändern zu können. Je früher das passiert, desto besser. Denn die einzige Person auf diesem Erdball, die du zuverlässig ändern kannst, ist die, die gerade jetzt diesen Satz liest. Du selbst. Mit einem anderen kannst du bestenfalls neue Spielregeln vereinbaren, und diese werden nur dann funktionieren, wenn sie einigermaßen mit seinem Wesen vereinbar sind. Aus einem Brustkorb-trommelnden Macho wird niemals ein Vorzeigehausmann, aus einer eher stillen Person keine Partymaus. Und wenn das mit den Spielregeln nicht funktioniert, kannst du immer noch dein eigenes Verhalten ändern. Das muss nicht gleich die Trennung sein. Manchmal genügt schon eine nüchterne Selbstbefragung: »Was tue ich eigentlich dazu, dass der andere so sein kann?« Sobald du deinen Beitrag erkennst, kannst du ihn verändern. It takes two to tango, es gehören immer zwei dazu – eine(r), der macht oder auch nix macht, und eine(r), der darauf auf seine Weise reagiert.

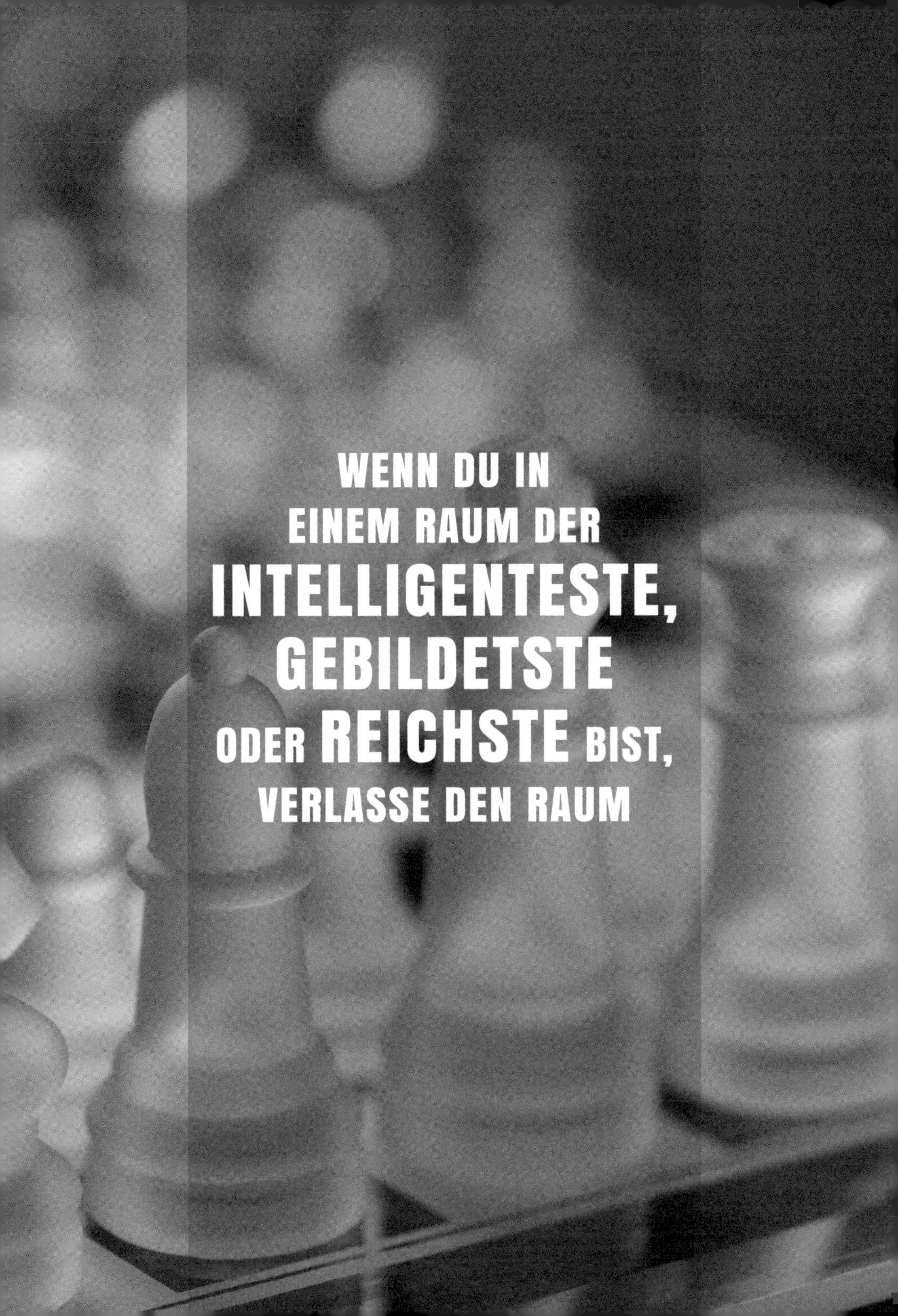
WENN DU IN
EINEM RAUM DER
INTELLIGENTESTE,
GEBILDETSTE
ODER REICHSTE BIST,
VERLASSE DEN RAUM

Falls dich dieser Satz auf die Palme bringt, steig bitte wieder runter (und bring 'ne Kokosnuss mit). Es geht hier nicht darum, die Nase hochzutragen und wie King Louie auf andere herabzuschauen. Ich möchte nur, dass du darüber nachdenkst, ob du dich in einem Umfeld befindest, in dem du dich selbst noch weiterentwickeln kannst. Das betrifft zuallererst deine Arbeitsstelle. Wenn du auf der Arbeit umringt bist von Menschen, von denen du nichts mehr lernen kannst, wenn nicht einmal dein Chef dir noch Nützliches beibringen kann, dann bremst dich das auf Dauer aus. Sollten deine Tage daraus bestehen, andere voranzubringen und ihnen zu helfen, dann fühlt sich das eine Weile sicher gut an. Aber irgendwann kommt der Frust, weil du zum x-ten Mal jemanden in die immergleiche Software einweist oder dem hundertsten Newcomer das kleine Einmaleins der Firma beibringst. Sei ehrlich und gesteh dir ein: »Ich bin umgeben von Menschen, von denen ich nichts mehr lernen kann.« Dann wird es Zeit, über eine Veränderung nachzudenken und das Umfeld zu wechseln. Hoff lieber nicht darauf, irgendwann befördert zu werden, denn dazu bist du am aktuellen Platz viel zu wertvoll.

Idealerweise bist du an deinem Arbeitsplatz umgeben von engagierten Menschen, die gemeinsam etwas erreichen wollen und dabei voneinander lernen – »A-Mitarbeiter«, wie manche Personalexperten sie nennen. A-Mitarbeiter halten eine Firma am Laufen, sie ziehen den Karren. Natürlich gibt es immer Ausreißer nach unten. Kritisch wird es erst, wenn die »B-Mitarbeiter« und »C-Mitarbeiter« den Ton angeben. B-Mitarbeiter laufen neben dem Karren her, C-Mitarbeiter stehen permanent auf der Bremse. Kein Wunder, dass A-Mitarbeiter am liebsten mit anderen A-Mitarbeitern arbeiten. B-Mitarbeiter haben häufig Angst, jemand könnte schlauer sein als sie und sie abhängen. Also stellen sie, wenn sie Chefs sind, am liebsten C-Mitarbeiter ein, denn die sind »ungefährlich«. Wenn zu viele C-ler kommen, gehen die A-Mitarbeiter, und dann macht irgendwann der Letzte das Licht aus. Drastisch ausgedrückt: Wenn dein Chef ein B-ler ist, bist du früher oder später nur noch von Nervensägen umgeben. Und du und ich, wir wissen beide sehr gut, wie ein B-Chef aussieht, stimmt's? Dann nützt es auch nichts, wenn du dir außerhalb deiner Arbeit Herausforderungen suchst und dich beispielsweise weiterbildest. Die Entfremdung wird dadurch nur noch größer. Wenn du das Gefühl hast, egal worüber gesprochen wird: »Das hab' ich alles schon vor Ewigkeiten durchgemacht, und ich weiß auf alle Fragen Antworten«, dann wird es höchste Zeit: Verlass den Raum – bildlich gesprochen. Und falls du selbst Chefin bist oder Chef, solltest du eins im Hinterkopf behalten: Wenn du anfängst, B-Mitarbeiter einzustellen, dann werden diese C-Mitarbeiter einstellen und dann laufen dir deine besten Mitarbeiter davon. Souveräne Chefs setzen auf Menschen, von denen auch sie noch etwas lernen können. Denk an Bill Gates oder Steve Jobs oder Elon Musk. Oder vielleicht auch an deinen eigenen Lieblingschef in der Vergangenheit.

Auch im privaten Bereich wirst du ab und zu darüber nachdenken, ob du noch im richtigen Raum bist. Menschen entwickeln sich unterschiedlich, sie sind in verschiedenem Maße ehrgeizig und unterschiedlich offen für neue Erfahrungen. Es tut weh festzustellen, dass man sich mit dem besten Kumpel aus der Grundschule oder der allerbesten Freundin, mit der man die ganze Ausbildung durchgestanden hat, nichts mehr zu sagen hat. Doch so ist einfach das Leben. Du hast nur eines. Verbring es mit Menschen, deren Anwesenheit dich inspiriert, dir guttut und dich wachsen lässt. Immer, wenn du in einem Raum der Schlaueste oder Erfolgreichste bist, gibt es neue Räume für dich zu entdecken!

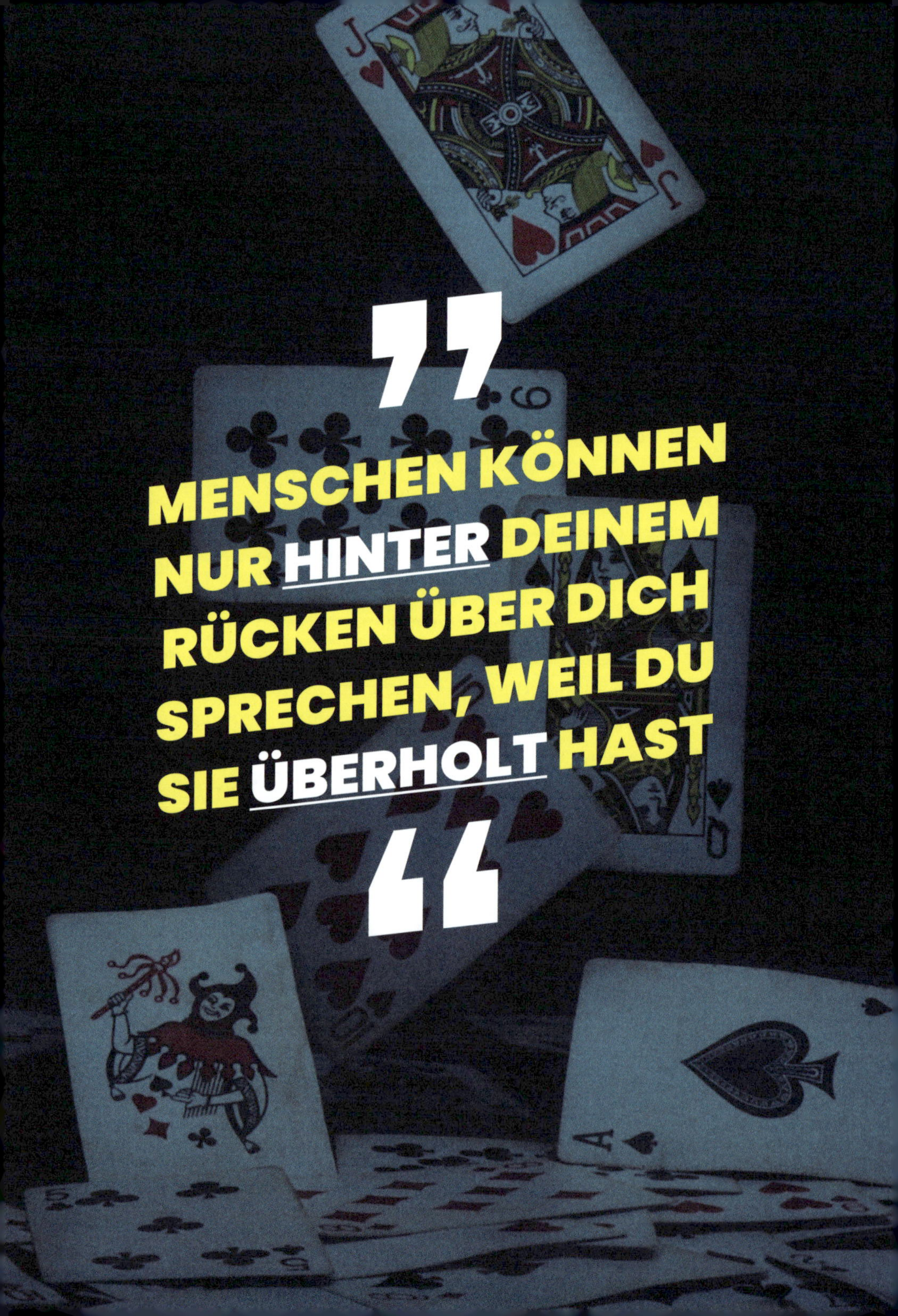
MENSCHEN KÖNNEN NUR HINTER DEINEM RÜCKEN ÜBER DICH SPRECHEN, WEIL DU SIE ÜBERHOLT HAST

Du kennst vermutlich den Spruch »Mitleid bekommt man geschenkt, Neid muss man sich erarbeiten.« Trotzdem fühlen die meisten von uns sich wohler, wenn jemand sein Mitleid ausdrückt, als wenn jemand neidisch ist. Neid sagt einem auch kaum jemand direkt ins Gesicht. Meistens erfährt man über drei Ecken davon: »Die X hat gesagt, der Y meint, du hältst dich für was Besseres, seitdem du befördert wurdest.« Oder: »Deine Nachbarn fragen sich schon, ob du im Lotto gewonnen hast, weil du dir so ein dickes Auto zugelegt hast.« Mitleid ist kuschelig, es stiftet Gemeinschaft: »Du Arme(r) – dass ausgerechnet dir sowas passieren muss!« Neid dagegen reißt Gräben auf zwischen den Neidern und dem Beneideten. Wer beneidet wird, hat etwas, das die anderen nicht haben und das sie ihm häufig nicht gönnen. Neid ist der Bruder der Missgunst. Die Angst vor dem Neid hat deshalb zu tun mit der Angst vor sozialer Ausgrenzung, und die sitzt uns tief in den Knochen. Wer bei unseren Urururur ... ahnen aus der Gruppe ausgeschlossen wurde, dem drohte schließlich der einsame Tod in der Steppe.

Für viele Menschen ist es deshalb ein schwacher Trost, wenn es heißt: »Mitleid kriegst du geschenkt, Neid musst du dir verdienen.« Dieser Satz fällt ja meistens dann, wenn jemand unter fiesen Sprüchen leidet. Doch mach dir eines klar: Beneidet wird nur jemand, der in einer Position der Stärke ist. Jemand, der mehr erreicht hat als die anderen. Deswegen finde ich den Spruch, »Menschen können nur hinter deinem Rücken über dich sprechen, weil du sie überholt hast«, so genial, dass ich ihm eine Mindset Minute widme. Wer dich bemitleidet, hält dich insgeheim oft für schwach. Wer dich dagegen beneidet und hinter deinem Rücken über dich lästert, sieht deine Stärke, auch wenn sie ihn ärgert. Mitleid kannst du jederzeit bekommen. Du musst nur ein bisschen jammern, und schon hast du 100 neue Freunde. Es kann allerdings sein, dass dieselben »Freunde« deine Schwäche irgendwann ausnutzen, weil sie dich nicht ernstnehmen. Oder dass sie sogar beim nächsten Stellenabbau in der Firma meinen, dich und deine ganzen Probleme könne man nicht länger mitschleifen. Überleg dir also gut, wem gegenüber du Schwäche zeigen und wessen Mitleid du provozieren willst.

Am ehesten kommst du aus der Neider-Falle heraus, wenn du dich mit Menschen umgibst, die deine Erfolge honorieren und wertschätzen. Meine Lebenserfahrung ist: Menschen, die es selbst zu etwas gebracht haben, die sich anstrengen und wissen, dass einem die Erfolge nicht einfach in den Schoß fallen, diese Menschen haben am wenigsten Probleme damit, die Erfolge *anderer* anzuerkennen. Solche Menschen sind in der »Fülle«, sie sind großzügig und können anderen etwas gönnen. »Neider dagegen sind im Mangel, und Mangel gebiert im Leben nur eines: weiteren Mangel. Und sei es nur, weil es ein Neider niemals übers Herz bringen würde, ganz ohne Neid zu sagen, »Klasse, was du da geschafft hast! Kannst du mir zeigen, wie das geht?«. Freu dich also, wenn du beneidet wirst. Es zeigt dir, dass du auf dem richtigen Weg bist. Nimm den Neid als indirekte Anerkennung deiner Stärke, und hör ansonsten auf die Ärzte, die schon vor Jahren sangen:

»Lass die Leute reden und hör einfach nicht hin,
die meisten Leute haben ja gar nichts Böses im Sinn.
Es ist ihr eintöniges Leben, was sie quält
und der Tag wird interessanter, wenn man Märchen erzählt.«

(aus dem Ärzte-Song »Lasse redn«)

WENN ALLE IN EINE RICHTUNG DENKEN,
SCHAU MAL IN DIE ANDERE RICHTUNG

Tatsächlich ist nicht alles, was wir in der Schule gelernt haben, so nutzlos, wie manchmal behauptet wird. Erinnerst du dich noch an die »Gaußsche Normalverteilung«? Das ist die Glockenkurve, die eine in vielen Bereichen zutreffende statistische Wahrscheinlichkeit beschreibt. Extreme in die eine oder andere Richtung sind dabei schwach ausgeprägt, während Mittelwerte häufiger auftreten und einen Hügel zwischen den beiden Seiten bilden. Beispiele: Unter 1.000 Menschen gibt es nur sehr wenige mit sehr hohem und ebenso sehr wenige mit sehr niedrigem Intelligenzquotienten. 90 Prozent bewegen sich irgendwo dazwischen, auch wenn es Tage gibt, wo man sich fragt, warum einem die 5 Prozent Idioten alle heute über den Weg laufen müssen ... Dasselbe gilt für die Vermögensverteilung: wenige Superreiche und wenige extrem Arme, viele mäßig Wohlhabende. Oder für die Autos auf unseren Straßen: wenige Ferraris, wenige Schrottkisten, viel Mittelklasse. In der Mitte versammeln sich also die Allermeisten, auch bei Aspekten, die wir selbst in der Hand haben, denn die meisten Menschen rennen mit den anderen in dieselbe Richtung. Was »alle« tun, kann ja nicht falsch sein.

Es muss aber auch nicht richtig sein. Deshalb mein Vorschlag: Wenn alle in eine Richtung denken, schau mal bewusst in die andere Richtung. Du weißt inzwischen, dass eines meiner großen Anliegen finanzielle Freiheit ist und dass ich der Meinung bin, jeder kann sich finanzielle Unabhängigkeit erarbeiten. Warum schaffen es dann nur so wenige? Ganz einfach, weil die meisten Menschen in ihrem Lebensstil und ihrem Konsumverhalten mit der Herde laufen. »Alle« kaufen sich schließlich schicke Autos und regelmäßig neue Klamotten. »Alle« fahren jedes Jahr in Urlaub. »Alle« wollen ein repräsentatives Haus oder zumindest eine große Wohnung, die zeigt, dass sie es geschafft haben. Zum Sparen oder Investieren bleibt da wenig übrig. Wie wäre es, wenn du stattdessen mal in die andere Richtung schaust und dich fragst, ob du diese ganzen Statussymbole überhaupt brauchst?

Mit der Leasingrate für das große Auto kannst du locker ein Vermögen ansparen. Dasselbe gilt für Geldanlagen. Ein Börsenguru hat sinngemäß mal gesagt, es sei doch paradox: Wenn im Supermarkt ein Produkt im Sonderangebot sei, rennen alle hin und kaufen es. Wenn an der Börse der Kurs einer Aktie fällt, bekommen alle Angst und keiner will kaufen. Das bedeutet natürlich nicht, dass eine Aktie im freien Fall immer ein Schnäppchen ist. Wichtig ist, dass dahinter ein solides Unternehmen mit guter Zukunftsperspektive steckt. Aber es zeigt erneut, dass es unklug ist, blind mit der Herde zu laufen. Es ist immer schlauer, seinen eigenen Kopf zu benutzen. Das gilt auch in anderen Lebensbereichen. Wenn alle dem Chef nach dem Mund reden und du Zweifel hast, prüf deine Argumente und rede mit deinem Chef: »Entschuldigen Sie, ich hab' mir das noch mal angesehen. Aus meiner Sicht stellt sich das etwas anders dar, und zwar aus folgenden Gründen …« Es könnte sein, dass du Recht hast und damit bei deinem Chef im Ansehen steigst. Und wenn nicht, schadet es auch nix, denn er kann dir was erklären und das tun die meisten Chefs ja gern.

Sei ein unabhängig denkender Mensch. Als solcher wirst du immer gefragt sein. Deswegen meine Grundregel: Immer, wenn alle oder fast alle etwas machen, überleg doch mal, was wäre, wenn ich genau das Gegenteil mache? Oder wenn ich zumindest nicht mitmache? Hab einen eigenen Verstand, sei nie Teil der Masse, bleib ein Individuum. Denn wer macht, was alle machen, bekommt auch nur, was alle bekommen. Die Amerikaner haben hierzu einen schönen Spruch: »Be careful when you follow the masses, sometimes the ›m‹ is silent.« Frei übersetzt könnte man sagen: »Sei vorsichtig, wenn du dem Marsch der Masse folgst, manchmal ist das »M« in Marsch stumm.«

# AUSBLICK

## DIE RICHTIGEN GELD-VORBILDER BRINGEN DICH WEITER

Ich finde es sehr schade, dass »die Reichen« in unserem Land ein eher mieses Image haben. Man unterstellt ihnen alles Mögliche von Geldgier bis zu unlauteren Geschäftsmethoden. Dabei ist es genauso unsinnig zu behaupten, alle Reichen seien Verbrecher, wie anzunehmen, alle Armen seien Heilige. Viele reiche Menschen treten persönlich eher bescheiden auf. Etliche von ihnen haben sich ihr Vermögen hart erarbeitet, mit Risikofreude, Findigkeit, Einsatz und Beharrlichkeit. Für mich sind sie echte Vorbilder. Ich habe großen Respekt vor jedem, der sein Schicksal erfolgreich in die eigenen Hände genommen hat. Statt solche Selfmade-Millionäre skeptisch zu beäugen, könntest du dich (und sie!) auch fragen: »Mensch, toll! Was steckt dahinter?« Ich bin überzeugt: Es ist immer besser, erfolgreichen Menschen zuzuhören, als mit erfolglosen einen Jammerchor anzustimmen. Jammern und Schimpfen bringt dich nämlich keinen Zentimeter weiter. Und weil ich davon überzeugt bin, dass Erfolgswissen übertragbar ist – auch finanzielles Erfolgswissen – beschreibe ich in einem Buch, wie ich es selbst zum Millionär gebracht habe. Es heißt *Geld allein ist auch eine Lösung*.

# GESUNDHEIT:

## DER SCHATZ DER GEWINNER

»Hauptsach', Man(n) is g'sund«, das weiß der Bayer seit vielen Generationen. Der Spruch geht noch weiter; ich erspar's den Leserinnen, dass da kommt »und die Frau hat Arbeit«. Wenn ich mich so umschaue, wird mir wieder mal klar: »Wissen« und »machen« sind zwei Paar Stiefel. Denn wenn Wissen die Lösung wäre, wären wir alle Millionäre mit Sixpacks. Das sieht man schon daran, dass sich gestandene Mannsbilder mit »Hauptsach', ma is g'sund« auch noch nach 13 Bieren und gleich vielen Stamperln Schnaps krachend zuprosten. Und dann das nächste Herrengedeck ordern, was der Gesundheit sicher nicht hilft.

Bei Amazon hast du heute die Qual der Wahl zwischen mehr als 60.000 Gesundheitsbüchern. Vom *Fitness-Kochbuch* bis zur *Ernährungsbibel*, vom ehrgeizigen Muskeltraining bis *Fitness für Faule* ist alles dabei. Es gibt Gesundheitsblogs, Gesundheitspodcasts, Gesundheitssendungen, Gesundheitskurse. Und es gibt das wirkliche Leben. Da beschränkt sich der Sport leider oft auf das Aufreißen der Chipstüte beim Sportschauschauen. Je mehr über eine Sache geredet wird, desto mehr liegt dabei oft im Argen. Dabei ist es gar nicht so schwer, gesünder zu leben. Du brauchst dafür nicht erst dicke Bücher lesen oder Kurse besuchen. Die folgenden Mindset Minuten bringen dich auch schon nach vorn!

Dein Körper spricht mit dir.
HÖR AUF IHN

In der Beziehung zu deinem Körper ist es wie in jeder anderen Beziehung: Bevor dein Körper dir die Koffer vor die Tür stellt und die Schlösser auswechselt, hat er schon lange Warnsignale gesendet. Bildlich gesprochen natürlich. Meistens geht es los mit leiser Kritik, etwa einem Schnupfen, und dann noch einem. Oder auch mit häufigem Kopfweh, leichten Rückenschmerzen. Das entspricht in etwa »Kannst du nicht auch mal die Geschirrspülmaschine ausräumen?!« Ein Freund von mir hat darauf mal entgegnet: »Warum denn? Ich hab' sie ja schließlich auch nicht eingeräumt.« Männerlogik vom Feinsten.

Dann wird der Körper etwas lauter. Es kommt vielleicht ein grippaler Infekt hinzu, der dich ein paar Tage flachlegt, oder ein Hexenschuss. Das ist das Level »Warum hörst du mir eigentlich nie zu?!!« Wenn du dann nicht reagierst, wird dein Körper unter Umständen nochmal etwas lauter in der Ansprache. Dieses Mal liegst du vielleicht schon ein paar Wochen flach. Und irgendwann, ja irgendwann schreit dein Körper dich förmlich an: Grippe, Bandscheibenvorfall, Magengeschwür – denk einfach mal an das, was du am wenigsten möchtest, denn das ist die Kategorie, die er dann oft auffährt. Hier wird schon – um im Bild des Beziehungsproblems zu bleiben – im Internet nach »Schlüsseldienst«, »Rattengift« oder »wie lasse ich es wie einen Unfall aussehen« gegoogelt, und es fallen Sätze wie »ICH HABE DAS ALLES SO SATT!!!!« oder »DU BIST SCHON WIE DEINE MUTTER/DEIN VATER!!!«. Alarmstufe dunkelrot sozusagen. Die letzte Eskalationsstufe sind dann die Koffer vor der Wohnungstür oder eben Burn-out, Herzinfarkt und ähnlich Schlimmes.

Viele Menschen, gerade Männer, wachen erst dann wirklich auf – im Krankenhaus mit einem Tropf am Arm oder vor der Wohnungstür mit ein paar traurigen Habseligkeiten, einer zerstörten Plattensammlung und einem recht unansehnlichen, aber künstlerisch anspruchsvollen Muster an Kratzern auf der Motorhaube des geliebten Sportwagens. Große Überraschung! Bis gestern war doch alles in bester Ordnung, oder? Und ja, das passiert auch Frauen, aber mein Geschlecht ist doch der größere Profi im Signale ausblenden, fürchte ich. Ein Indianer kennt schließlich keinen

Schmerz. Er beißt die Zähne zusammen, während die Indianerin sich schon Kräutertee kocht, gesunden Quinoabrei isst und mit dem örtlichen Schamanen ihre Seele salbt. Allerdings holen Frauen allmählich auf bei dieser Entwicklung – Stichworte: beruflicher Stress, Familienarbeit, hohe Ansprüche an sich selber. Perfektionismus nicht nur auf der Arbeit, sondern auch beim Backen des weltbesten Kuchens für das KiTa-Fest, bei der perfekten Weihnachtsdeko und beim perfekten Geburtstagsgeschenk für die Schwiegermama. Ja, ja, Klischeealarm. Doch in Niederbayern, wo ich herkomme, funktioniert die Welt noch so, und wenn ich mich in meinem Münchner Bekanntenkreis umschaue, ist da gendermäßig manchmal auch noch Luft nach oben.

Unser Körper ist das Wichtigste, was wir haben. Alles, was wir in unserem Leben erreichen möchten, können wir nur erreichen, wenn der Körper mitspielt. Leider vergessen wir das oft. Wir nehmen es als gottgegeben hin, dass wir gesund sind, dass wir frei durch unsere Nase atmen können, dass wir mühelos laufen und unsere Arme bewegen können. Dabei ist dein Körper dein wichtigstes Kapital. Mit ihm verdienst du dein Geld. Mit ihm lebst du dein Lebensglück. Wenn du deinen Körper vernachlässigst, ist alles andere nichts wert. Also hör auf deinen Körper. Wenn er leise mit dir spricht, gönn ihm Entspannung. Und wenn er schon lauter mit dir spricht, dann warte nicht drauf, dass er dich mit einem Herzinfarkt, einem Schlaganfall oder Schlimmerem anschreit, sondern tu etwas für deine Gesundheit. Gönn dir ausreichend Pausen und Schlaf (Prio 1, verpenn das nicht!), ernähre dich gesund, treib regelmäßig Sport – du kennst das Programm. Auch ich musste diese Lektion erst schmerzhaft lernen, als mich eine Ärztin damals kurz vor dem Burn-out aus dem (Arbeits-)Verkehr gezogen hat. Doch unser Körper ist schlau, er bringt sich immer wieder in Erinnerung. Und er verzeiht auch viele Sünden, sobald wir uns wieder ernsthaft bemühen. Diese Beziehungskiste kann ein Happy End haben, wenn du nur willst!

Dein Körper ist deine
Geldmaschine,
erhalte ihn gesund

Dein Körper als Geldmaschine – das klingt ziemlich krass, aber genau so ist es. Dabei geht es mir nicht nur um das Geld an sich, denn wie du vielleicht weißt, habe ich einen ganzheitlichen Ansatz. Ob du ein gutes und schönes Leben hast, entscheidet sich in drei Bereichen:

- Körper und Gesundheit,
- Geld und Erfolg,
- Beziehungen und Lebensglück (schöne Momente).

Diese Bereiche hängen zusammen und beeinflussen sich gegenseitig. Wer nur auf Geld und Erfolg setzt, betreibt oft Raubbau an seinem Körper, und das den lieben langen Tag. Vom Aufstehen, wo er keine Zeit zum Joggen hat, bis zum Abend, wo er keine Zeit zum Kochen hat und stattdessen eine Pizza in den Ofen schiebt. Er vernachlässigt vielleicht auch Freunde und Familie, um irgendwann festzustellen, dass ein volles Konto allein nicht glücklich macht. »It's lonely at the top«, redet sich so jemand abends beim Einschlafen im leeren Bett die Situation schön. Umgekehrt geben ein erfülltes Privatleben und ein gesunder Körper einem die Energie, die man braucht, um dauerhaft erfolgreich zu sein. Ohne Gesundheit läuft auf Dauer einfach nichts. Ich habe noch nie davon gehört, dass jemand fünf Minuten vor dem Burn-out die Geschäftsidee seines Lebens hatte. Eher hatte er rasende Kopfschmerzen.

Dennoch treibt ein knappes Drittel der Deutschen keinen Sport. 13 Prozent der Europäer bewegen sich einer EU-Studie zufolge nicht mal zehn Minuten am Tag.[11] Zehn Minuten! Die brauche ich schon, um mir bei der Bäckerei um die Ecke einen Zwetschgendatschi zu holen. Die häufigste Ausrede der Sportmuffel ist »keine Zeit«. Hier könnte ich jetzt den guten alten Herrn Kneipp zitieren: »Wer nicht jeden Tag etwas Zeit für seine Gesundheit aufbringt, muss eines Tages sehr viel Zeit für die Krankheit opfern.« Auch wenn das vielleicht nur Kneipps semi-smarter Versuch war, mehr Menschen vom Wassertreten (oder »kneippen«, was mit Weißbier leider nix zu tun hat) zu überzeugen – recht hat er! »Keine Zeit« ist zudem eine dermaßen unoriginelle Ausrede, dass ich dir dringend das Kapitel »Anders denken« empfehle, um zumindest deine grauen Zellen in Schwung zu bringen. Wenn zu mir jemand sagt »dafür habe ich keine Zeit«, würde ich am liebsten entgegnen, »Die Wahrheit ist doch, dass dir etwas anderes wichtiger ist. Dann sag's aber auch so.«. Übrigens hat jeder dieselbe Menge an Zeit zur Verfügung und ja, auch mein Tag hat nur 29 Stunden 😉. Wenn du bislang Sportmuffel*in warst, kannst du das am besten mit neuen Gewohnheiten ändern. Baue mehr Bewegung in deinen Alltag ein. Du hast viele Möglichkeiten:

- Badroutine morgens auf einem Bein machen (wobei du auch das Bein wechseln darfst, kurz bevor du umkippst),
- auf dem Weg zur Arbeit eine Haltestelle früher aussteigen und den Rest zu Fuß gehen – dasselbe abends auf dem Rückweg gern noch mal,
- mit dem Fahrrad zur Arbeit statt mit dem Auto oder Bus,
- Sitzungen in »Stehungen« verwandeln, oder gleich in Spaziergänge (möglicher positiver Nebeneffekt: das Ende endloser Laber-Runden),
- immer (!) die Treppe nehmen statt Fahrstuhl oder Rolltreppe,
- in der Mittagspause einen Spaziergang um den Block (nicht um den Papierblock auf dem Schreibtisch, okay?),
- sich einen Hund kaufen und regelmäßig Gassi gehen (oder Gassi gehen auch ohne Hund, dafür vielleicht mit einem netten Menschen, da muss man dann wenigstens nicht mit einem Plastikbeutel dessen … ach, lassen wir das),
- sich einen Hometrainer anschaffen und bei der Lieblingsserie strampeln,
- Hausputz im Turbo-Modus, gern mit Musik,
- eine Lieblingssportart entdecken und im Verein oder Kurs trainieren,
- … (Bitte hier eine sportliche Betätigung einfügen, die viel Spaß macht, zu zweit durchführbar ist und nur höchstens einen von beiden dick macht.) Ich bin sicher, dir fällt selbst noch mehr ein!

# Use it or lose it

(Benutze es oder verliere es)

Bei YouTube findest du ein wunderbares Video unter dem Titel »96-year-old woman is a dancing machine!« Über zwei Millionen Menschen haben sich inzwischen angesehen, wie eine flotte Fasthundertjährige mit bewundernswerter Eleganz übers Parkett groovt und dabei eine bessere Figur macht als die Youngster um sie herum.[12] Und definitiv auch eine bessere als ich, denn wer mich schon mal tanzen gesehen hat, weiß, dass ich das nicht erfunden habe. Ich vermute mal: Diese Urur(ur?)großmutter hat nicht eines Morgens ihren Rollator in die Ecke gestellt, ist zum Kleiderschrank gehumpelt, hat das schwarze Spitzenkleid aus der mottensicheren Hülle gezerrt und beschlossen, nach 30 Jahren im Ohrensessel endlich mal wieder einen drauf zu machen. Sie hat schlicht und einfach nie aufgehört zu tanzen. (Eines meiner Lieblingslieder zum Thema: »Wenn du tanzt« von »Von wegen Lisbeth«)

»Use it or lose it« – benutze es oder verliere es, diese Weisheit stimmt in vielen Lebensbereichen. Wer Freundschaften nicht pflegt, verliert sie. Wer sich in einer Beziehung keine Mühe gibt, wacht eines Tages auf und stellt fest, dass der Partner inzwischen nicht nur aussieht wie ein guter Gebrauchter. Sondern dass er/sie schon länger das Gefühl vermisst, auch weiterhin gebraucht zu werden. Da braucht es dann nur ein paar romantische Avancen von außen, und schon bist du wieder Single. Aber das warst du ja vorher eigentlich auch schon. Nur mit Partner. Und jetzt bist du zu allem Überfluss auch noch ziemlich ungeübt im Flirten, denn auch hier gilt natürlich: »Use it or lose it«. Am krassesten ist der Effekt des »Dranbleibens« bei deinem Körper. Sechs Wochen Lieblosigkeit verzeiht dir ein großherziger Mitmensch schnell, wenn du es richtig anstellst und ehrlich zerknirscht bist. Aber sechs Wochen das Bein in Gips: Da braucht es viele Wochen harten Trainings, bis du wieder fit bist für die Tanzfläche oder den Fußballplatz. In nur 42 Tagen hat sich deine Beinmuskulatur weitgehend von dir verabschiedet.

Das Schöne daran: Umgekehrt funktioniert das auch. Sobald du konsequent Sport machst, statt konsequent rumzudümpeln, wirst du staunen, was alles möglich ist. Ich kenne einen kettenrauchenden Asthmatiker mit

Wohlstandsbäuchlein, der es zum nichtrauchenden Ironman mit Waschbrettbauch gebracht und dabei auch noch sein Asthma verloren hat. Zugegeben, das hat zwei Jahre gedauert. Aber es muss ja nicht gleich der Ironman sein. Vielleicht genügt es schon, beim Treppensteigen im zweiten Stock nicht mehr zu keuchen wie nach der Besteigung des Mount Everest. Oder zu verhindern, im Bus von wohlerzogenen Kindern mitleidig den Sitzplatz angeboten zu bekommen. Ja, diese Kinder gibt es noch – ich kenne sie. Alle beide.

Wie dein Körper profitiert auch dein Geist von konsequentem Training. Viele Schauspieler sind im hohen Alter noch erstaunlich fit im Kopf, weil sie zeitlebens Unmengen von Text lernen (mussten). Wer vom strengen Mathelehrer zum Kopfrechnen genötigt wurde und das beibehält, kommt auch später ohne Taschenrechner klar. Wer die Einkaufsliste nicht im Smartphone abspeichert, sondern im eigenen Kopf, dem bleibt auch manche andere Ratlosigkeit im Alltag erspart. (Äh, wie hieß noch gleich der Mensch, der mir da beim Frühstück gegenübersitzt?) Die von mir verehrte und leider früh verstorbene Vera F. Birkenbihl wies wie schon erwähnt darauf hin, wir seien alle »Gehirnbesitzer«, aber nicht alle »Gehirnbenutzer«. Spontan fallen mir da ein paar lebende Beweise ein, ich nenne da lieber keine Namen … Ob wir unsere grauen Zellen fordern oder sie in träger Routine verkümmern lassen, entscheidet darüber, wie wendig, schlau und geistig rege wir sind. Und bleiben. Die beste Strategie dazu sind nicht Kreuzworträtsel oder Sudokus, sondern vielfältige neue Impulse – eine neue Sprache, ein neues Hobby, eine neue Sportart, neues Wissen. Wie wär's zum Beispiel mal mit meinem Geldkurs?

MACH NUR ZEHN MINUTEN -

# ABER MACH ES!

Dies ist das Servicekapitel für alle unverbesserlichen Silvestervorsatz-Fasserinnen und -Fasser. Wenn du dieses Kapitel verinnerlichst, wirst du nie mehr vergeblich gute Vorsätze fassen und dich danach ärgern, weil es wieder mal nicht funktioniert hat.

Meist läuft es ja so (oder so ähnlich): Am 31.12. zwischen »Dinner for one« und Fondue (oder Raclette oder zum Glück endlich mal Party, weil sich jemand mit einer ohnehin renovierungsbedürftigen Wohnung dafür geopfert hat), also: Gegen 19 Uhr am Silvestertag nach dem ersten Sekt bist du dir sicher: Du wirst ab sofort mehr Sport treiben! Mindestens eine Stunde am Tag! Garantiert!! – – – – – Am ersten (Nach-)Mittag des neuen Jahres, wenn du mühsam aus dem Bett krabbelst, mit einem Paukenorchester an dröhnenden Kopfschmerzen in deinem Schädel denkst du an alles Mögliche – Wer ist der Mensch neben mir? – nur nicht an Sport. Du bist schlicht zu müde. Dann kommt der zweite Tag des immer noch jungfräulichen Jahres. Der ist auch dein erster Arbeitstag. Jetzt auch noch Sport? Nein, das wäre wirklich zu grausam. So geht die erste Woche ins Land. Aber am Wochenende, da gilt's! Nach einigem Suchen findest du deine Laufschuhe wieder und dann rennst du durch den Park, bis dir die Lunge brennt. Also ungefähr 13,5 Minuten. Danach bist du zwei Tage platt, hast tierischen Muskelkater und erinnerst dich daran, dass Churchill sein hohes Alter auf ein einfaches Rezept zurückführte: »No sports.« Tja, ich habe eine schlimme Nachricht für dich: Winston Churchill mag vieles gewesen sein (Zigarrenraucher, Whiskyfreund, ungeheuer schlagfertig, sogar Literaturnobelpreisträger). Aber eines war er mit Sicherheit nicht: unsportlich. In Wahrheit war er unter anderem begeisterter Fechter und Polospieler. Noch mit über 70 Jahren nahm er hoch zu Ross an Fuchsjagden teil, und die sind nun wahrlich nix für Untrainierte.

Es gibt einen einfachen Trick, wie du die Silvestermisere zukünftig vermeidest und auch andere Vorsätze umsetzt. Sag dir immer: »Ich mach nur zehn Minuten!« Und die machst du dann auch, koste es, was es wolle. Keine Ausreden, keine Ausnahmen. Und wenn du nach zehn Minuten aufhören willst, hörst du einfach auf. Zehn Minuten lockeres Traben (oder notfalls Spazierengehen), das schaffst du selbst am Neujahrstag oder nach einem langen Arbeitstag. Das Schöne daran: In 99 Prozent der Fälle wirst du dir am Ende der zehn Minuten sagen, »Och, ein bisschen geht noch!«. Und schon bist du bei 15 Minuten, bei 20, bei 40, und nach ein paar Wochen wirklich bei einer Stunde angelangt. Du sparst dir den Mega-Muskelkater und du merkst, wie gut dir die Bewegung tut. Irgendwann denkst du gar nicht mehr drüber nach. Du machst einfach.

Der »Ich mach nur zehn Minuten«-Trick funktioniert nicht nur beim Sport, sondern bei allen Dingen, die du vor dir herschiebst, also neudeutsch prokrastinierst: Steuererklärung, Bad putzen, Kleiderschrank ausmisten, Patentante anrufen ... Komm, zehn Minuten gehen immer! Und dann kannst du selbstzufrieden und mit einem guten Gefühl aufhören. Und in vielen Fällen wirst du feststellen: Oh, schon eine Stunde rum. Viel geschafft. Patentante glücklich gemacht, Haushaltsanteil erfüllt, Bettelanruf beim Finanzamt um weitere Fristverlängerung überflüssig. Das Leben kann so einfach sein! Und so einfach wird aus Prokrastination Contra-krastination.

PS: Witzigerweise kennt in Großbritannien niemand das Churchill-Zitat, das bei uns regelmäßig als Rechtfertigung für ein sportbefreites Leben herhalten muss. Ob es daran liegt, dass Fuchsjagden oder Poloturniere bei uns kein Volkssport sind? Oder nur daran, dass man Leuten, die weit weg sind und am besten schon länger tot, am ehesten falsche Zitate unterschieben kann? Wenn Einstein gewusst hätte, was er angeblich alles gesagt haben soll – er wäre vor lauter Dementis gar nicht mehr zur Relativitätstheorie gekommen. Aber vielleicht hat er ja wirklich gesagt, »Glauben Sie nicht alle meine Zitate, die Sie im Internet finden.«. 😉

DIE
MACHT
DER
ETAPPE

Noch ein simpler Psychotrick, der in Nullkommanix deiner Gesundheit dienen wird. Nehmen wir an, du sitzt dank deines »Nur zehn Minuten«-Vorsatzes im Fitnessstudio auf dem Ergometer. Du strampelst vor dich hin, mit deiner Lieblingsmusik auf den Ohren und erfreulich fitten und gutaussehenden Menschen jederlei Geschlechts um dich herum. Nach zehn Minuten stellt du fest: Geschafft, 3,6 Kilometer. Und du denkst dir: »Na, die 4 Kilometer kann ich jetzt auch noch vollmachen.« Gesagt, getan. Bei 4 Kilometern auf der Anzeige siehst du, dass du inzwischen 83 Kalorien verbrannt hast, und überlegst, die Hundert könntest du jetzt eigentlich auch noch schaffen. Zumal da gerade jemand echt Attraktives um die Ecke gebogen kam. Oder zumal du dich an den Schokoriegel erinnerst, den du gestern Abend wider alle guten Vorsätze verdrückt hast. Na gut, es waren sogar zwei. Oder drei? (Leider funktioniert die »Zehn-Minuten-Regel« bei Schokoriegeln nicht. Ich hab's probiert. Es ist erstaunlich, wie viele Riegel ich in zehn Minuten essen kann.)

Bei 100 Kalorien steht der Entfernungsmesser am Ergometer nun auf 4,3 Kilometer. Das ist nun ja echt eine blöde Zahl. Außerdem hast du neulich gelesen, dass selbst ein kleiner Kinderschokolade-Riegel (was »für'n hohlen Zahn«, wie der Norddeutsche sacht), schon knapp 120 Kalorien hat. Dein Snickers gestern hatte 305, wie du feststellst, als du dich strampelnderweise bei Google schlaumachst. Da muss ein Rechenfehler sein! Leider nicht, auch andere Quellen sagen unmissverständlich: Kalorienbombe. Seufz. Vor diesem Hintergrund sind 5 Kilometer Pflicht. Mindestens. Am 5-Kilometer-Ziel zeigt die Anzeige dann 116 verbrannte Kalorien. Ab morgen gibt es nur noch kleine Riegel. Oder sogar KEINE Riegel? Dafür heute vielleicht mal die 150-Kalorien-Marke anpeilen?

Du verstehst das Prinzip. Runde Zahlen üben eine Magie aus, die jeder krummen Zahl abgeht. Man feiert nicht zufällig die »runden« Geburtstage größer und lässt den zehntausendsten Ausstellungsbesucher hochleben. Eigentlich Bullshit, denn warum sollte es weniger schön sein, 39 Jahre alt zu werden als 40? Oder der zehntausendfünfte Besucher der Ausstellung der schönsten Wolpertinger Bayerns zu sein? Das verstehe, wer will, mir als Bayer ist es ein Rätsel, vor allem, weil bei uns ja die Uhren eh anders gehen. Gleichzeitig folgt die Macht der Etappe der Erfahrung, dass es uns leichter fällt, Zwischenziele zu erreichen, als überehrgeizig sofort ein besonders hohes und kräftezehrendes Endziel anzupeilen (siehe das letzte Kapitel). Ich habe auf diese Weise schon zwei Stunden auf dem Ergometer verbracht, bevor mir endlich alle Zahlen sympathisch waren.

Als Etappe kannst du dir Zahlen setzen, oder zum Beispiel auch geografische Ziele. Wenn du dich bei der Bergtour erst mal auf das nächste Plateau konzentrierst, schaffst du es am Ende leichter bis zum Gipfel. Auch der Mount Everest ist schließlich nur mit Zwischenstationen in verschiedenen Lagern zu erklimmen. Genauso gilt: Jedes große Vermögen begann in der Regel mit einem kleinen Vermögen, das Schritt für Schritt weiter ausgebaut wurde. Weder Bill Gates noch Warren Buffett sind als Milliardäre auf die Welt gekommen. Ich selbst wollte mit 26 nur meine Schulden loswerden. Mein nächstes Ziel war dann der Kauf einer kleinen Wohnung, in der ich selbst wohnen und die mir niemand mehr nehmen konnte. Nach diversen weiteren Zwischenschritten war ich nach sieben Jahren Millionär. Und auch beim Abnehmen ist es besser, kleine Schritte tatsächlich zu gehen, als sich große Schritte nur vorzunehmen. Auf diese Weise bin ich 50 Kilo losgeworden. Einige meiner Abnehmtricks verrate ich dir im nächsten Kapitel.

# SO WIRST DU ZUM GEWINNER AUF DER WAAGE

A*nanas, Atkins, Brigitte, Dash, Detox, FDH, Glyx, Intervall, Keto, Kohlsuppe, Mittelmeer, Low Carb, Low Fat, Paleo, Slim Fit, Zuckerfrei* – ich könnt's glatt rappen. Ist aber nur die Aufzählung einiger Diättrends der letzten Jahre. Und da nach dem Trend vor dem Trend ist, wie Sepp Herberger sagen würde, wäre irgendwann sicher auch eine zweite Rap-Strophe drin. Ich glaube nicht an Wunderdiäten. Die brutale Wahrheit ist: Du wirst auch nicht schlank im Schlaf. Sondern ganz einfach dadurch, dass du mehr Kalorien verbrennst, als du zu dir nimmst. Und das geht am besten mit ein paar guten Gewohnheiten, mit denen du dich in Zukunft selbst überlistest. Hier ein paar meiner besten Abnehm-Hacks:

1. *Wenn es deine Oma nicht als Essen erkennen würde, dann iss es nicht!* Das ist das Aus für Tiefkühlpizza und anderes Fast Food, für Fertigsaucen, für viele bunt verpackte Süßigkeiten aus dem Labor der Lebensmittelindustrie, für Donuts oder Nutella. Wenn du noch sehr jung bist und deine Oma bereits Nutella-Brote schmierte, dann denk halt an deine Uroma, auch wenn du ihre E-Mail-Adresse gerade nicht findest. (Die Geburtsstunde der Pralinencreme, die schlauerweise als Brotaufstrich vermarktet wird, datiert auf das Jahr 1964.) Wenn du diese Regel beherzigst, fallen beim nächsten Einkauf im Supermarkt viele konfektionierte Lebensmittel mit verstecktem Zucker und Fett ganz automatisch weg. Versteckte Fette sind besonders schwer zu finden, das hat jeder gemerkt, der mich früher beim Versteckspiel gesucht hat.

2. *Wenn du dich fragst, »Darf ich das essen, wenn ich abnehmen will?«, ist die Antwort immer: Nein!*
Das kann dich beispielsweise vor dem zuckersüßen Nachtisch beim Türken bewahren, der auf einem Kubikzentimeter mehr Kalorien konzentriert als in einem Glas Nutella stecken. Oder vor dem Eis auf die Hand, das du dir im Vorbeigehen gönnst. Oder vor dem fetttriefenden Würstchen, das von einem gestandenen Mannsbild mit einer Schürze, die (vielleicht!) mal weiß war und scheinbar irgendwann mal viel zu heiß gewaschen wurde, so klein wie die ist, auf dem Jahrmarktsgrill hin- und hergewendet wird.

3. *Bestell' statt Nachtisch einen Espresso.*
Das spart nicht nur Kalorien, sondern verleiht dir einen Hauch eleganter Lässigkeit, wie ihn sonst nur Italiener*innen und der Clooney Schorsch hinbekommen. Wenn das kein Argument ist!

4. *Trink jede Stunde ein Glas Leitungswasser.*
Unser Körper verwechselt manchmal Durst mit Hunger. Statt zum kleinen Snack zwischendurch zu greifen, täte es auch ein Glas Wasser. Das hat nicht nur 0 Kalorien, sondern dämpft auch noch das Hungergefühl, wenn es sich tatsächlich um Hunger handeln sollte. Und es kommt noch besser: Beim Wassertrinken verbrauchst du Energie. Wissenschaftler fanden heraus, dass 2 Liter Wasser pro Tag einen Kalorienverbrauch von 95,5 Kalorien erzeugen. Offenbar kurbelt Wasser das »sympathische Nervensystem« an (heißt wirklich so, selbst wenn dir Fremdworte unsympathisch sind). Wasser erhöht damit den Energieumsatz. Schlussfolgerung der Forscher: »Übers Jahr gesehen könnte man allein durch Wassertrinken bis zu 3 Kilogramm Fett verlieren, wobei kaltes Wasser den Energieverbrauch am stärksten ankurbelt.« Das muss nämlich noch auf Körpertemperatur gebracht werden.[13]

5. *Keine Kohlenhydrate nach 16 Uhr.*
Okay, das ist jetzt schon etwas sportlicher – aber umso wirksamer. Verkneif dir am Abend Brot, Reis, Nudeln, Kartoffeln, aber auch Müsliriegel, Gummibärchen, Süßes oder Kuchen. Denn es ist nun mal so: Je schneller Kohlenhydrate verdaut und in Energie (Glukose) umgewandelt werden, desto rasanter steigt dein Blutzuckerspiegel. Dann schüttet der Körper ganz viel Insulin aus und dadurch sinkt dein Blutzuckerspiegel drei bis vier Stunden später wieder und schon überfällt dich der Heißhunger. Mit einem zu niedrigen Blutzuckerspiegel sind wir wie ein Junkie auf der Suche nach dem nächsten Schuss, völlig außer Kontrolle und zu allem fähig. Ja, auch zu drei Tafeln Schokolade. Isst du dagegen abends nichts oder wenig Kohlenhydrate, bedient sich der Körper bei deinen Fettreserven (es sei denn, du hast zwischen 15:30 und 15:59 Uhr noch mal richtig zugeschlagen). Dein Körper wird sich schneller daran gewöhnen, abends nicht noch mal gefüttert zu werden, als du denkst.

Dies sind nur einige der Abnehm-Hacks, mit denen ich selbst 50 Kilo verloren habe und mein Wunschgewicht weitgehend seit Jahren halte. Ich habe dazu auf meinem YouTube-Kanal auch einige Videos gemacht. In Summe möchte ich dir zurufen: »Mit Routine Herr[14] der Lage und Gewinner auf der Waage!« (Gewinner auf der Waage bedeutet natürlich minus, nicht wie bei Geld, wo man mit Plus gewinnt.)

# AUSBLICK

## WARUM GELD UND GESUNDHEIT OFT HAND IN HAND GEHEN

Zwischen Armut und Krankheit besteht ein Zusammenhang. Das wissen wir seit Jahren. Menschen mit weniger Geld leiden öfter an Übergewicht und anderen Zivilisationskrankheiten (wie Diabetes, Schlaganfall, Herzinfarkt).[15] Daraus wird häufig eine Anklage: Armut macht die Menschen krank! Das halte ich für etwas zu kurz gesprungen. Es braucht nicht das teure Fitnessstudio und den Bio-Supermarkt, um sich zu bewegen und gesünder zu ernähren. Denn zur Wahrheit gehört auch: Je ärmer die Menschen, desto ungünstiger oft der Lebensstil, desto mehr (teures) Fast Food, desto weniger Bewegung, desto mehr Tabak und Alkohol. Für den Preis eines Big Mac bekommt man eine Menge Gemüse, und Joggen geht auch ohne teure Laufklamotten. Gleichzeitig stimmt aber auch: Nicht auf jeden Euro schauen zu müssen, macht Gesundheit einfacher. Der Sportverein kostet. In der Laufgruppe will mancher nicht mit seinen ausgeleierten Uralt-Klamotten auffallen. Und wer seinen Kindern sonst nicht viel gönnen kann, hat vielleicht nicht die Kraft, ihnen auch noch den Schokoriegel für die Schulpause zu verweigern. Die Wirklichkeit ist eben meist komplizierter als einfache Parolen.

Für ein *gesundes* Leben braucht man (Gesundheits-)Wissen, Disziplin und Durchhaltevermögen. Ein finanzieller Spielraum hilft ebenfalls. Für ein *finanziell freies* Leben braucht man (Geld-)Wissen, Disziplin und Durchhaltevermögen. Dabei hilft wiederum körperliche Fitness. In meinem Buch *Geld allein ist auch eine Lösung* habe ich das auf eine einfache Formel gebracht: »Konto fett, Körper schlank!« Ich bin sehr dafür, dass jeder Mensch die Möglichkeiten nutzt, finanziell unabhängig, glücklich und gesund zu sein. Das ist meine Mission und deshalb schreibe ich Bücher wie dieses. Verschenk die Mindset Minuten nach dem Lesen deshalb gern an jemanden, der davon profitieren könnte. Oder noch besser: Schenk ihr oder ihm gleich ein eigenes Exemplar!

# MENTALE STÄRKE:

## DAS TOOL DER TITANEN

Selbst wer Sport vorwiegend vom Sofa aus vor dem Fernseher praktiziert, hat schon davon gehört: Nicht der beste Sportler siegt, sondern der mental stärkste. »Gewonnen oder verloren wird zwischen den Ohren«, reimte Boris Becker. Und der sehr erfolgreiche Skispringer mit dem sehr passenden Namen Jens Weißflog sagte: »Man fliegt nur so weit, wie man im Kopf schon ist.«[16]

Dass mentale Stärke über Erfolg oder Misserfolg entscheidet, gilt nicht nur im Sport. Ängstliche Prüfungskandidaten stottern sich zu einem mageren »Ausreichend«. Selbstbewusste kommen mit einer Zwei davon, selbst wenn sie »auf Lücke« vorbereitet sind. Zaghafte Verehrer blitzen ab, unerschrockene machen das Rennen. Wirklich schade also, dass uns anders als Profisportlern nicht schon früh im Leben ein Mentaltrainer zur Seite gestellt wird, der uns fit macht für die Herausforderungen des Alltags. Dafür lernen wir Photosynthese, Völkerwanderung und Goethes Lied von der Glocke. Oder war das von Schiller? Ich könnte hier keine Bürgschaft eingehen.

Die folgenden Mindset Minuten bügeln dieses Versäumnis zumindest ein bisschen aus. Es sind praktische Tipps, die dir helfen, gelassener, zuversichtlicher und erfolgreicher durchs Leben zu gehen. Wie immer natürlich selbst erprobt und für gut befunden!

ZUFÄLLE GIBT
ES NICHT –
DIE SIND FÄLLIG
UND FALLEN
EINEM ZU

Ich glaube nicht an Zufälle. Immer, wenn etwas passiert, das wie ein Zufall aussieht, frag dich, welchen Wunsch du ans Universum gesendet hast, damit genau das geschieht. Weniger blumig formuliert: Welche deiner Handlungen haben das »zufällige« Ereignis wahrscheinlich gemacht? Ein Beispiel: Du suchst dringend eine Wohnung. Also schaust du dich nicht nur auf Immobilienportalen im Netz um, sondern erzählst auch Freunden und Bekannten davon, rufst bei Wohnungsverwaltungen an, kontaktierst Makler, die im von dir bevorzugten Viertel aktiv sind. Und siehe da: Nach drei Wochen sagt ein Freund abends in der Kneipe zu dir: »Im Nachbarhaus will jemand ausziehen, habe ich gehört. Vielleicht wäre die Wohnung ja was für dich?« So ein Zufall, was?!

Was wie Zufall oder Glück aussieht, ist häufig die Folge deines Handelns. Damit ein Zufall dir »zufallen« kann, hast du vorher entsprechende Möglichkeiten geschaffen. Das gilt im positiven wie im negativen Sinne. Auch ein Dachziegel kann dir nur dann zufällig auf den Kopf fallen, wenn du bei Sturm unbedingt auf der Straße herumspazieren musst. Deine Traumfrau oder dein Traummann wird dir nur dann zufällig über den Weg laufen, wenn du Netflix ab und zu Netflix sein lässt und dir stattdessen denkst: »Zefix, ich geh' fix aus der Wohnung raus.« Das ist übrigens auch das Geheimnis von Menschen, die »immer Glück haben«: Sie senden permanent Einladungen ans Universum. Sie handeln. Sie legen sich mehr ins Zeug als andere. Und wenn sich dann wieder einmal etwas günstig für sie fügt (wie zum Beispiel der Traumjob, der nach nur 30 Bewerbungen zufällig daherkommt), lautet die vorwurfsvolle Diagnose weniger umtriebiger Mitmenschen: »Du hast eben immer Glück!« Doch wie heißt es so schön: Das Glück ist mit den Tüchtigen. Für Protestanten: Hilf dir selbst, dann hilft dir Gott (und zwar flott). Für Lateiner: Fortes fortuna adiuvat. (Für Nicht-Lateiner: Den Mutigen hilft das Glück.) Und für Wüstenbewohner: Vertraue auf Gott, aber binde dein Kamel an, wallah! Die Erkenntnis, dass man dem (glücklichen) Zufall eine Chance geben muss, ist in vielen Sprachen und Kulturen sprichwörtlich. »Aide-toi, le ciel t'aidera.« (Hilf dir selbst, dann hilft dir der Himmel) fabulieren die Franzosen. Und Russen raten, »Na bóga nádejsja, a sam ne plosháj.« (Vertrau' auf Gott, aber sei selbst auch nicht dummskovskoja). Und wenn dir jetzt gleich die Augen zufallen, ist das ebenfalls kein Zufall, sondern hat höchstens damit zu tun, dass dich meine Sprichwort-Schlaumeierei nicht die Bohne interessiert.

Was ich dir gerne mit auf den Weg geben möchte, ist kurz gesagt Folgendes: Vertraue nicht auf »Zufälle«, sondern schaffe Möglichkeiten, damit dir Dinge »zufallen«. Öffne dem Glück die Tür, sodass es nicht an dir vorbeiläuft. Das ist gar nicht so schwer, denn im Grunde wissen wir, was wir tun müssen, damit bestimmte Wünsche wahr werden. Wer Sternschnuppen zählen will, muss in den Himmel schauen. Wer die Super-Geschäftsidee sucht, muss mit offenen Augen durch die Businesswelt laufen und schauen, welche Probleme Menschen haben, die er lösen könnte. Und wer sein Geld vermehren will, findet die Antwort nicht im Spielcasino, sondern eher in Büchern wie *Reich mit NFTs*. Und wenn du jetzt denkst, dass es Zufall war, dass du dieses Buch gekauft hast, kannst du dir ausmalen, wie ich darüber denke ...

# EIGENLOB STIMMT!

Der deutschsprachige Buchbestseller im Spätmittelalter war *Das Narrenschiff*, 1494 veröffentlicht. Der Autor Sebastian Brant wäre heute monatelang in der *SPIEGEL*-Bestsellerliste und sein dicker Wälzer läge stapelweise neben der Kasse jeder Buchhandlung. Brant dichtete folgenschwer:

»Da doch der weise Mann gibt Kunde,
Dass Lob stinkt aus dem eignen Munde.
Die in sich selbst Vertrauen setzen,
Sind Narren und törichte Götzen.«

Auf diesen (in der letzten Zeile leicht holpernden) Reim kann ich mir nur folgenden Gegenreim machen:

»Dass Lob stinkt aus dem eignen Munde,
ist uralt, aber falsche Kunde.
Sprich klar und deutlich aus dein Lob,
auf dass du kriegst den tollen Job.«

Oder auch: Eigenlob stimmt.

Bis heute wird Kindern beigebracht, dass Eigenlob verwerflich ist. »Gib nicht so an!«, »Dräng dich nicht in den Vordergrund!« und eben der Klassiker: »Eigenlob stinkt!« Dabei wimmelt es in der Welt von Gegenbeispielen. Elon Musk. Steve Jobs. Boris Becker. Jeder Provinzbürgermeister und jede Top-Managerin ist voll des Lobes, was er oder sie schon alles geleistet hat. Hätte man Angst vor olfaktorischen Attacken (das sind die, die durch die Nase kommen), wäre man weder Bürgermeister noch Firmenchefin. Wer sich scheut, seine eigenen Fähigkeiten und Verdienste zu benennen, wird in diesem Leben nicht mal Klassensprecher in der Siebten. Und meine Karriere beim Rundfunk wäre sicher etwas weniger glänzend verlaufen, hätte ich nicht regelmäßig darauf hingewiesen, wie gut mein Alter Ego

Josef Nullinger beim Publikum ankommt und wie sehr das für mehr Sendezeit und für mehr Honorar spricht. Lob ist so gesehen einfach die Abkürzung für »Lieber oben bleiben«.

Interessant ist, dass schon Sebastian Brant auf den Zusammenhang von Lob und Selbstvertrauen hinweist. Es braucht Vertrauen in sich selbst, um seine Verdienste wahrzunehmen und deutlich anzusprechen. Um dieses Vertrauen zu entwickeln, ist Lob von anderen essenziell – vor allem in der Kindheit. Wem schon als Siebenjährigen am letzten Schultag vor den Sommerferien ein elterliches Strafgericht droht, weil er im Zeugnis im Rechnen »nur eine Zwei« hat, wird noch 20 oder 30 Jahre später denken: »Ja, 5 Prozent Umsatzsteigerung sind nicht schlecht. Aber wenn ich wirklich gut wäre, hätte ich 9 geschafft.« Derweil bekommt der Kollege, der wortreich erklären kann, warum 3 Prozent in seinem Vertriebsbereich sensationell sind, den Job als Vertriebsleiter. Ich vermute, seine Eltern hielten auch die Drei in Mathe schon für eine Sensation.

Vergiss also den Spruch »Eigenlob stinkt!«. Das ist finsteres Mittelalter. Steh zu dem, was du leistest, sei stolz darauf und lass es andere zum richtigen Zeitpunkt wissen. Dabei hilft es, wenn du dir regelmäßig Notizen machst, was dir gut gelungen ist. Ja, noch mal: »Eigenlob stimmt!« Nicht einmal der liebe Gott kommt ohne aus. »Ich bin der Herr, dein Gott. Du sollst keine anderen Götter haben neben mir«, heißt es gleich im ersten Gebot. Wenn das mal kein Eigenlob ist! Und da mich nicht der Blitz getroffen hat, während ich dies schrieb, gehe ich davon aus, dass Gott meine Meinung teilt. Amen.

DIE MACHT
DES WÖRTCHENS
»NOCH«

Bleiben wir noch ein wenig beim Selbstvertrauen. Die traurige Realität ist: Die meisten Menschen kommen ins Trudeln, wenn sie drei eigene Stärken benennen sollen (weshalb diese ausgelutschte Frage im Bewerbungsgespräch bis heute so beliebt ist). Ganz anders sieht es bei den Schwächen aus. Bei Stärken kommt man ins Stocken, bei Schwächen könnte man schwafeln, weil einem immer noch was Neues einfällt. Machen wir die Probe aufs Exempel. Wie schwer fällt es dir, die folgenden Satzanfänge zu vervollständigen?

»Ich kann nicht gut ______________________________________ .«

»Es liegt mir nicht, ______________________________________ .«

»Ich bin einfach kein(e) guter (gute) ____________________________ .«

Viele Menschen müssen da keine drei Sekunden nachdenken. Wer als Kind nicht mit Lob verwöhnt wurde oder aus anderen Gründen sehr selbstkritisch ist, läuft mit einer Defizit-Brille durchs Leben. Und die kann zu einer ziemlichen Wahrnehmungsverzerrung führen. Ich sprach einmal mit einer promovierten Theologin, die beschämt bekannte, mit der Jobsuche sei es schwierig: »Ich habe ja überhaupt nichts gelernt!« Außer diversen lebenden und toten Sprachen, Textexegese, wissenschaftlichem Arbeiten, Verfassen von Aufsätzen und Büchern, Rhetorik, Geschichte, Philosophie, Ethik und noch ein paar Kleinigkeiten wie Sitzfleisch beweisen, sich durchbeißen und eines der nutzlosesten Fächer der Welt studieren (sagt zumindest unser Pfarrer). Also praktisch gar nix. Du kannst dir ausmalen, wie erfolgreich Bewerbungen mit so einem negativen Selbstbild verlaufen.

Doch Rettung naht! Es gibt ein magisches Zauberwort, das dich von negativen Glaubenssätzen erlöst: das simple Wörtchen »noch«. Statt »Ich bin kein guter Redner« also »Ich bin *noch* kein guter Redner.«. Statt »Ich kann nicht gut neue Kunden akquirieren« eben »Ich kann noch nicht gut neue Kunden akquirieren«. »Noch« eröffnet dir das Tor zur Verbesserung und sendet eine positive Botschaft an dein Unterbewusstsein. Du wirst bald einiges können können, sobald du nicht mehr müssen musst, sondern dürfen darfst und bereit bist dazuzulernen. Du wirst Möglichkeiten entdecken, die dir weiterhelfen. Das gilt für alle Lebensbereiche von »Ich bin nicht gut beim Papierkram« bis »Es liegt mir nicht, attraktive Frauen anzusprechen«. Tut mir übrigens leid, wenn ich dir damit gerade ein paar bequeme Ausreden raube. Wir alle lernen im Leben ungeheuer viel und ganz schön komplizierte Dinge. Ich kenne keinen Dreijährigen, der sagt, »Also laufen lernen, das liegt mir einfach nicht. Jetzt hat's mich dreimal hingehauen und jetzt reicht es mir endgültig.«. Mir ist auch keine Dreijährige bekannt, die beschließt, »Sprechen? Das lass ich lieber sein. Die deutsche Grammatik ist eh so schwer, diese vielen Ausnahmen und dann auch noch diese merkwürdigen Zischlaute. Das brauch ich alles nicht.«. Ich weiß, manche Eltern wären froh, wenn aufgeweckte Knirpse zumindest zeitweise das Sprechen einstellen würden. Aber langfristig gedacht ist es schon besser, sie kämpfen sich vom lustigen Brabbeln über Ein-Wort-Sätze durch bis zu messerscharfen Analysen elterlicher Defizite im Teenageralter, gewürzt mit »Du nervst, ey« und »Hau ab, du Gammelfleisch«. Es spricht also alles für eine großzügige Verwendung des Wörtchens »noch«. Ich schenke dir deshalb hier und jetzt gleich eine bunte Tüte davon: noch noch noch noch noch noch noch noch noch noch noch noch noch ... Bau die ersten drei davon am besten gleich jetzt in deine Schwächen-Sätze von oben ein. Bei Bedarf kannst du jederzeit nachbestellen. Versandkostenfrei.

PS: Und die Theologin? Kurz nachgebohrt und wir konnten ihren Glaubenssätzen eine heilende Noch-Spritze verpassen: »Ich habe noch keine Lebensberatung gemacht, aber das passt gut zur Seelsorge. Ich habe noch keine Sprachen unterrichtet, aber viel Erfahrung im Sprachenlernen.« Usw.

Der Muskel wächst in der Pause
(In der Pause wird man kreativ)

Der Legende nach soll Sir Isaac Newton im 17. Jahrhundert das Gesetz der Gravitation oder Erdanziehung entdeckt haben, als er unter einem Apfelbaum lag und ihm ein Apfel auf den Kopf fiel. Das brachte den berühmten Physiker ins Grübeln: Wieso, fragte er sich, fallen Äpfel eigentlich immer nach unten? Und nicht nach oben oder seitwärts? Ich für meinen Teil wäre einfach nur froh gewesen, dass im Herbst die Äpfel nicht wie kleine Kanonenkugeln durch die Gegend schießen, und hätte es dabei bewenden lassen. Physiker ticken da anders. Das ist aber nicht der Punkt. Die Geschichte von Newtons Apfel verdeutlicht ein Prinzip, das wir vor allem in Stressphasen gern übersehen: Für Kreativität braucht es Pausen. Die besten Ideen kommen einem unter der Dusche, nach acht Stunden erholsamem Schlaf oder eben beim Dösen unterm Apfelbaum. Einen ähnlichen Effekt kennt man auch im Sport. Muskeln wachsen nicht direkt beim Training, sondern erst danach. Dann reparieren sie die kleinen Risse in den Muskelfasern, die bei stärkerer Beanspruchung entstehen. Gleichzeitig bauen sie zusätzliche Muskelmasse auf, um zukünftig besser gewappnet zu sein.

Du solltest dir also regelmäßig Pausen gönnen, wenn dir die guten Ideen nicht ausgehen sollen. Dabei ist es egal, ob du Werbetexte schreibst, Gärten gestaltest oder Haare schneidest. Jeder braucht Regenerationsphasen! Lade also nicht nur dein Smartphone regelmäßig auf, sondern auch die eigenen Batterien. Niemand kann auf Dauer täglich 16 Stunden Höchstleistung bringen. Umso bedauerlicher, dass in manchen Unternehmen Tapferkeitsmedaillen und Beförderungen an diejenigen gehen, die möglichst rund um die Uhr da sind und penibel dafür sorgen, dass die Chefetage das auch ja mitbekommt. Ein ausgeschlafener und konzentrierter Mensch würde in drei Stunden wahrscheinlich ähnlich viel schaffen. Überleg mal, was in den berüchtigten MPKs (Ministerpräsidentenkonferenzen) während der Corona-Pandemie spätnachts so alles beschlossen wurde. Wenn das kein starkes Indiz ist, dass die Güte der Ideen umgekehrt proportional zur Länge der Sitzung ist! (Wobei dieser gestelzte Satz mir zeigt, dass ich erst mal eine Schreibpause machen sollte ...)

**Schnarch…chrrrr…chrrrr…sabber…chrrrr**

So, bin wieder da. Ah, du auch! Das trifft sich gut! Was ich eigentlich sagen wollte: Je länger die Sitzung, desto schlechter oft die Ideen, die dabei rauskommen. Wer den ganzen Tag mit der mentalen Brechstange unterwegs ist und sich immer wieder bis zur Erschöpfung auspowert, stellt fest, dass mehr Einsatz irgendwann nichts mehr bringt. Wer dann immer noch verbissen weitermacht, riskiert den Burn-out. Natürlich gibt es Phasen, in denen man dranbleiben und auch mal an seine Grenzen gehen muss. Aber eben nicht dauernd und langanhaltend! Ein guter Gradmesser ist: Macht es dir noch Spaß, zumindest zeitweise? Bist du im Schaffensrausch, im Flow? Oder bist du nur noch müde und musst dich jeden Tag an die Arbeit prügeln? Dann wird es Zeit für eine kreative Pause – vielleicht auch eine längere.

Noch mal kurz zurück zu Sir Isaac. Die ganze Geschichte ist vielleicht nur gut erfunden, obwohl er sie selbst mit in die Welt gesetzt hat.[17] Aber wie die meisten populären Geschichten trifft sie einen Nerv. Und wenn dein Kind dich demnächst fragt, »Warum ist Wasser nass?« oder »Wer macht nachts die Sterne an?«, dann sei nicht genervt. Du hast es vielleicht mit dem nächsten Jahrhundertgenie zu tun.

»WOFÜR?«

IST BESSER ALS

»WARUM?«

Meinen ersten »richtigen« (= bezahlten!) Radio-Job war ich nach wenigen Monaten schon wieder los. Der Sender stellte das Format ein und alle »festen Freien« standen von heute auf morgen auf der Straße. Mein Katzenjammer war in etwa so groß wie meine Euphorie beim Jobantritt: »Warum ist mir das passiert!??« Dass dann auch noch das Finanzamt mit einer Steuernachforderung anklopfte, machte die Sache nicht besser: »Warum passiert *immer mir* sowas?« Ich vermute, du kennst solche Momente. Wenn die Waschmaschine kaputt geht und am nächsten Tag auch noch das Auto den Geist aufgibt. Oder wenn du Ärger in der Arbeit hast und abends noch den Mega-Streit zu Hause. Die Warum-Frage ist dann naheliegend, in der Regel aber sinnlos. Denn wenn du ehrlich bist, willst du mit der Frage ja keine echte Ursachenforschung betreiben. Du fragst dich nicht ernsthaft, ob du vielleicht dein Auto besser hättest pflegen und mit deinem Kollegen anders hättest reden können. Stattdessen klagst du dein Schicksal an und begibst dich damit gewollt oder ungewollt in eine Opferrolle. Das ist bequem, aber gefährlich. Wenn du dich als Opfer der Umstände (der ungerechten Kollegen, der allgemeinen Wirtschaftslage, der bösen Verwandtschaft usw.) betrachtest, entmündigst du dich selbst – weil ja »die anderen« an allem schuld sind. Das steckt hinter dem bekannten Satz »Wem du die Schuld gibst, gibst du die Macht.« (Siehe auch Kapitel 76 »Es wird mit dir gemacht, was du mit dir machen lässt.«)

Ich habe mir daher angewöhnt, nutzlose Warum-Fragen zu meiden und stattdessen zu fragen, »Wofür ist mir das passiert?« oder auch »Wozu ist mir das passiert? Was ist das Gute, das das mit sich bringt?«. Das lenkt deine Aufmerksamkeit darauf, welche Erkenntnis dir diese jetzt gerade stattfindende unangenehme Erfahrung verschaffen könnte. Nichts ist so beschissen, dass es nicht zumindest als Lernimpuls dienen könnte. Das gilt selbst für die 50 Kilo Übergewicht, die ich jahrelang mit mir herumschleppte. Als ich es endlich schaffte, konsequent abzunehmen (vgl. Kapitel 54 im Abschnitt »GESUNDHEIT«), hatte ich etwas gelernt, das mich bis heute begleitet und das viele meiner Erfolge ermöglicht hat: Mit echter

Willenskraft kann ich alles erreichen, was mit Willenskraft zu erreichen ist. Zugegeben: Manchmal dauert es etwas länger, bis der Groschen fällt. Ein halbes Jahr nach meinem Rauswurf beim unbekannten Privatsender hatte ich mir über verschiedene Nebenjobs und ein Praktikum die Mitarbeit bei Antenne Bayern erkämpft. Gelernt hatte ich: Was wie das Ende aussieht, ist in Wahrheit immer auch ein Anfang. Und dem wohnt ja ein Zauber inne, wie schon Harry Potter dichtete. Ob es einen Tag, eine Woche oder ein Jahr dauert, denk das nächste Mal daran, wenn dir ein Stein in den Weg gerollt wird: Vielleicht ist es ja der Stein der Weisen.

Kleiner Nachtrag: »Wer jammert, hat immer Kollegen«, heißt es. Die Opferrolle ist extrem beliebt und weit verbreitet. Am Übergewicht ist der Stoffwechsel schuld (oder auch schwere Knochen, die Gene, die böse Lebensmittelindustrie), an der Ebbe auf dem Konto »die hohen Preise« und am Unfall der Baum, der eigensinnig im Weg stand und partout nicht ausweichen wollte. Achte mal darauf, wenn du Geschichten aus deinem Leben erzählst: Welche Rolle gibst du dir? Bist du das arme Opfer? Oder bist du der, der sein Schicksal selbst in die Hand nimmt und Verantwortung für eigene Fehler übernimmt? Sobald du die Opferrolle hinter dir lässt, wirst du merken: Der Handelnde ist immer der Glückliche. Mehr zu diesem Thema gibt es übrigens in Kapitel 9 im Abschnitt »TUN: HANDELN MACHT GLÜCKLICH«.

Mach einen Haken
an die
Vergangenheit!

»Hätte ich mich bloß mehr angestrengt, wäre ich heute Profi-Fußballer/Chirurg/Top-Model.«

»Hätte ich damals Bored Ape-NFTs gekauft, wäre ich heute Millionär.«

»Hätte ich mich früher getrennt, wäre ich heute glücklicher.«

»Hätte ___________________________________________.«

*[Hier ist Platz für dein eigenes Hätte-Lamento.]*

Tja, und wenn da Hund ned g'schissn hätt, dann hätta an Hasn dawischd, wie der Bayer sagt. Hinterher ist man eben immer klüger, ob Hund, ob Hase, Preiß oder Mensch. Und es ist ja auch total sinnvoll, so zu denken. Du buchst bei nächster Gelegenheit einfach eine Zeitreise und bringst die Sache rechtzeitig in Ordnung. Neuerdings gibt es da Last-Minute-Rabatte für alle, die Ihr Leben buchstäblich in letzter Minute in günstigere Bahnen lenken wollen. *(Achtung IRONIE, ich sag's lieber dazu, eh ich Prügel beziehe und mir hinterher sagen muss, »Hätte ich das mit der Ironie doch bloß sein gelassen.«)*

Zeitreisen gibt's nur im Kino, so sehr wir uns das manchmal wünschen. Es wundert mich nicht, dass viele Zuschauer auch nach dreimal *Zurück in die Zukunft* und sechs *Terminator*-Filmen noch nicht genug haben und auf eine weitere Fortsetzung hoffen. Wäre ja auch toll, der Angebeteten aus der achten Klasse jetzt mal all das zu sagen, was einem im Pickel-Alter partout nicht einfallen wollte. Im echten Leben sind die »Hätte, hätte …«-Gedanken leider nichts als nutzlose Grübelei. Immer, wenn du dich in der Vergangenheit bewegst und Dingen nachweinst, die du nicht mehr ändern kannst, dann begibst du dich in den Stillstand. Du ver(sch)wendest Energie, die dir für die Gegenwart fehlt. Dein Leben wird kein bisschen besser, spannender, interessanter, erfolgreicher, wenn du dem Gestern nachtrauerst, sondern nur, indem du dich um deine Gegenwart kümmerst und für deine Zukunft vorsorgst. Nicht gerade eine nobelpreisverdächtige

Erkenntnis, und trotzdem gehen wir ziemlich gern in die Hätte-Falle. Ich habe den bösen Verdacht, es könnte daran liegen, dass es um einiges bequemer ist, mit der Vergangenheit zu *hadern*, als in der Gegenwart zu *handeln*.

Ohnehin bin ich der Meinung, »Life happens FOR you, not TO you« – alles in deinem Leben geschieht zu deinem Besten (siehe Kapitel 77). Auch erst einmal Unschönes bringt dich weiter, lenkt dich vielleicht über einen Umweg in die richtige Richtung. Oder es verschafft dir eine wichtige Lernerfahrung, auch wenn du im Moment des Erlebens gern darauf verzichtet hättest. Lass dich also nicht von Hätte-Überlegungen runterziehen. Sobald du aus dieser negativen Energie rausgehst und beschließt, »*Ich werde mich nicht mehr in der Vergangenheit aufhalten. Alles, was geschehen ist, ist geschehen. Ich kann es nicht mehr ändern, und es wird schon für irgendwas Gutes gut gewesen sein*«, sobald du das tust, hast du den Kopf frei für die Gegenwart. Du kannst dich konzentrieren auf das Hier und Jetzt – die Dinge und die Bereiche, die du beeinflussen kannst. Dann bist du in einer ganz anderen Energie, einer erschaffenden, kreierenden Energie. Du bist im Wachstum. Und du weißt ja, in der Natur gilt: Was nicht wächst, stirbt (Kapitel 43).

Lass also die Vergangenheit los, mach einen dicken Haken dran. Dabei hilft dir ein einfaches Ritual: Schreib das vergangene Ereignis auf einen Zettel. Dann nimm ihn und verbrenne ihn: »Farewell, gute Reise, ciao, servus, pfiati Gott, Shalom!! Was vergangen ist, ist vergangen.« Und der Schwarm aus der Achten ist inzwischen ohnehin todunglücklich mit dem Filialleiter der örtlichen Sparkasse verheiratet. Oder selbst der Filialleiter und noch todunglücklicher.

# AUSBLICK

## WARUM DIR MENTALE STÄRKE HILFT, MEHR GELD ZU HABEN

Nach einer Berechnung der DZ Bank lagen 2020 insgesamt 1,8 Billionen Euro deutscher Sparer auf kurzfristig verfügbaren Konten.[18] Das sind unvorstellbare 1.800.000.000.000 Euro (gesprochen: Eine Billion 800 Milliarden oder auch 1.800 Millionen), die keine Zinsen abwerfen, durch die Inflation stetig an Wert verlieren und im Extremfall den Sparenden sogar ein »Verwahrentgelt« der Bank (sprich: Strafzinsen) kosten, was für ein toller Euphezinsmus. Ein Grund dafür ist meiner Erfahrung nach die Angst, Risiken einzugehen. Aus Angst vor dem Risiko riskieren viele Menschen lieber, dass das eigene Geld zusammenschmilzt wie der Schnee bei Föhn-Wetterlage oder auf der Toilette der Promidisco.

Auch beim Vermögensaufbau ist mentale Stärke gefragt. Damit meine ich nicht blinde Zockerei, sondern die Bereitschaft, im Rahmen der eigenen Möglichkeiten kontrolliert Risiken einzugehen. Durchhaltevermögen. Spardisziplin. Lernbereitschaft. »Lieber eine Stunde über Geld nachdenken, als eine Stunde für Geld arbeiten«, riet John D. Rockefeller. Bei ihm hat das offenbar gut funktioniert – sein Vermögen wäre nach heutiger Kaufkraft 300 Milliarden US-Dollar wert.[19] Von Rockefeller lernen heißt kriegen lernen!

# NETZWERK:

## DER WERT DEINER KONTAKTE

Wenn ich mit einem Bekannten durch mein Viertel laufe, sagt der nach spätestens zehn Minuten: »Mensch Mike, du kennst aber wirklich jeden!« Das ist natürlich übertrieben. Es gibt tatsächlich einzelne Passanten, die mir völlig unbekannt sind – Preußen auf Sightseeing in München vermutlich. Kontakte sind für mich das Salz in der Suppe des Lebens. Wer will schon immer im eigenen Saft köcheln? Ich interessiere mich für Menschen, ich mag Menschen. Bis zum Beweis des Gegenteils jedenfalls, und durchaus auch manchen Saupreiß, egal ob's ein japanischer ist oder ein Berliner, wa?

Gleichzeitig sind Kontakte ein wichtiges Erfolgsmoment. Keiner kann alles allein schaffen. Es braucht ein Netzwerk – Unterstützer, Tippgeber, Seelentröster, Mitstreiter, egal, ob männlich, weiblich oder divers. Das beginnt bei guten Businessbekanntschaften und endet bei langjährigen Freundschaften. Das Erfolgsrezept für wertvolle Kontakte in Kurzfassung: »Sei selbst ein wertvoller Kontakt! Freundlich, interessiert, hilfsbereit.« Die Langfassung zu diesem wichtigen Thema gibt es im folgenden Abschnitt.

ERFOLGREICH
MIT DER
W-I-N-FORMEL

Selbst beim hippsten Sender führt der Weg zum Honorar über die Verwaltung. Und so saß ich in einem meiner ersten freiberuflichen Jobs beim Radio erst einmal im Personalbüro, um die bürokratischen Hürden zu nehmen. Die Dame dort bedachte mich mit einem Blick, den man sich normalerweise für die Hinterlassenschaften bernhardinergroßer Hunde auf dem städtischen Trottoir aufhebt. Waren wir uns schon mal begegnet? Hatte ich sie in einem früheren Leben beim Abschlussball versetzt? Ich fasste mir ein Herz und fragte – nein, nicht nach dem Abschlussball. Sondern: »Das ist aber eine schöne Silberkette, die Sie da tragen. Ist die handgeschmiedet?« Ja! So war es, und zwar von der Dame höchstselbst. Nach einem Plausch übers Silberschmieden waren wir die besten Freunde. Ich hatte es plötzlich mit einer ganz anderen Frau zu tun. Viele Jahre lang bekam ich wertvolle Unterstützung von ihr.

Es gibt tatsächlich eine Zauberformel dafür, gute Kontakte zu anderen Menschen zu knüpfen, und ich bin sehr stolz darauf, sie gefunden zu haben. Hier kommt sie, mit 100 Prozent Hager-Garantie:

W – I – N

Das steht für Wertschätzung – Interesse – Nutzen.

Die erste Komponente, Wertschätzung, hat mich im Personalbüro gerettet. Statt auf giftige Blicke zurückzugiften, konzentrierte ich mich auf etwas Positives und sagte etwas – aufrichtig auch so gemeint – Freundliches. Und irgendetwas Positives wirst du am anderen immer finden. Du musst halt nur genau genug hinschauen; wenn's sein muss, auch mit der Lupe.

Die zweite Komponente, Interesse, ist für viele Menschen eine harte Nuss. Das bedeutet nämlich, sich wirklich auf den anderen einzulassen und nicht ähnlich gestrickt zu sein wie der alternde Schauspieler im bekannten Witz. Der textet eine junge Kollegin schon eine geschlagene Stunde zu, stutzt dann und sagt: »Jetzt haben wir die ganze Zeit von mir geredet. Kommen wir doch mal zu Ihnen. Wie finden SIE mich eigentlich?« Ich fand es jedenfalls interessant, was die Personalfrau alles über Schmuckherstellung wusste und habe einiges gelernt.

Die dritte Komponente, Nutzen, ist der endgültige Türöffner für viele wunderbare Verbindungen. Überleg einfach, womit du jemand anderem eine Freude machen oder einen Gefallen tun kannst. Ich lernte einen bekannten Redner kennen, der mir von seinem Faible für Sportwagen erzählte. Ein paar Wochen später stellte ich beim Surfen im Netz fest, er tritt demnächst in der Stadt auf, in der Freunde von mir eine Autotuning-Firma haben. Also schrieb ich eine kurze Mail: »Wenn Sie mögen, stelle ich gern einen Kontakt her für eine Führung in der Firma.« Selbst wenn – wie in diesem Fall – das Angebot nicht angenommen wird, stärkt das die Verbindung. Es hebt dich zudem positiv ab von den Menschen, die sich nur an jemanden erinnern, wenn sie etwas von ihm wollen, nach dem Muster: »Hallo, wie geht's dir denn so? – (...) – Ah, schön. Du, weshalb ich anrufe: Ich brauche ... Kannst du mir da helfen?« Und natürlich schwingt automatisch auch Wertschätzung mit, wenn du dich an Hobbys, Interessen, berufliche Schwerpunkte eines anderen erinnerst. »Give more, expect less« (Gib mehr als du erwartest), sagt man in den USA. Und das Schöne ist: Oft kriegst du mehr zurück, als du je erwartet hast. Wenn du die W-I-N-Formel konsequent beherzigst, wirst du Schritt für Schritt ein großes und vielfältiges Netzwerk aufbauen, vielen Menschen Nutzen stiften und von vielen selbst auch nützliche Unterstützung bekommen – ein echter Engelskreis (siehe Kapitel 27).

What other people
think of you is none of
your business

*»Vielleicht hätte ich das lieber nicht sagen sollen.«*

*»Ob das Geschenk doch zu billig war?«*

*»Wenn ich das Projekt ablehne, hat mich der Chef möglicherweise auf dem Kieker.«*

*»Der Kunde hat ja gerade erst gebaut. Der findet meine Preise sicher zu hoch.«*

Und so weiter und so fort.

Viele Menschen grübeln viel darüber nach, was andere wohl von ihnen denken könnten. Auch dazu haben die Amerikaner einen hilfreichen Spruch: »What other people think of you is none of your business« wörtlich: »Was andere von dir denken, geht dich nichts an.« Dafür gibt es mindestens sieben gute Gründe:

1. Oft denken andere gar nichts, weil sie (wie die meisten Menschen) vor allem mit sich selbst beschäftigt sind. Oder ohnehin wenig denken.

2. Wenn sie doch was über dich denken, ist das häufig etwas anderes, als du denkst – mal positiver, als durch befürchtest, mal negativer, als du hoffst. Und mal etwas, auf das du nie gekommen wärst. Die Frau, die dich in der U-Bahn prüfend mustert, findet vielleicht deine Frisur cool, vielleicht dein Hemd scheiße. Und vielleicht verwechselt sie dich einfach mit einem früheren Klassenkameraden. So what?

3. Bis auf die seltenen Fälle, wo dir jemand reinen Wein einschenkt (häufig nach dem Genuss einiger Gläser desselbigen), wirst du ohnehin nie wissen, was andere wirklich über dich denken.

4. Solange aus »Denken« kein »Handeln« wird, kannst du wenig tun. Auf Handeln kannst du reagieren, auf Gedanken nicht. Die sind bekanntlich frei.

5. Während du fruchtlos grübelst, könntest du eine Menge anderer und sinnvollerer Dinge tun.

6. Wenn du dich von (möglichen) Urteilen anderer einschränken lässt, gibst du ihnen Macht über dein Leben. »Was sollen denn die Nachbarn denken?!«, war noch nie ein gutes Argument. Zumindest als Teenager wussten wir das noch.

7. Spekulationen über die Gedanken anderer können sogar anmaßend sein – etwa, wenn du deinem Chef Kleinlichkeit unterstellst oder deinem Kunden Geldprobleme. Vielleicht baut der nicht nur ein Haus, sondern hat gerade zwei andere Immobilien mit Gewinn verkauft?

Verschwende also nicht zu viel Zeit damit, dir über mögliche Gedanken anderer den Kopf zu zerbrechen. Wenn du das machst, bist du beim anderen – du bist nicht »bei dir«, du bist sozusagen »außer dir«. Und das ist bekanntlich kein erstrebenswerter Zustand. Und noch ein letzter Trost: Egal, was du machst, es wird immer Kritiker geben (und Kritikerinnen, so viel Zeit muss sein). Nehmen wir an, du postest auf Facebook ein Foto, auf dem du der Kinderkrebshilfe einen Scheck über 5.000 Euro überreichst. Du wirst sicher viel positives Feedback ernten, aber auch solche Stimmen:

*»Warum nur 5.000 Euro? Ich denke, du bist Millionär?«*

*»Das ist doch nur der Selbstmarketing! Mir wäre das peinlich.«*

*»Schön und gut, aber den Kindern in Syrien geht es viel schlechter. Hast du da auch schon gespendet?«*

*»Also ich finde es ja wichtiger, was gegen das Artensterben zu tun. Warum spendest du nicht für Nashörner in Afrika (Feldhamster in der Uckermark, Gelbbauchunken in Asien … )!?«*

Ja, vielen Dank auch! Und was kümmert es die stolze Eiche, wenn sich ein Borstenvieh dran wetzt? (Bitte nicht posten, sondern nur denken.)

NIMM KEINE KRITIK AN VON MENSCHEN, DIE DU NICHT UM RAT FRAGEN WÜRDEST

Stell dir vor, du planst eine Reise nach Rom und erzählst davon abends in der Kneipe. Sofort sagt ein Schlaumeier: »Ja, also Rom – da würd' ich net hinfahr'n. Soll total teuer sein. Und überlaufen. Überhaupt: Städtereisen. Viel zu teuer, viel zu stressig, wenn's mich fragst.«

Du fragst ihn aber nicht. Die letzte (und einzige) Städtereise, die der Schlaumeier unternommen hat, war euer gemeinsamer Klassenausflug in der Zehnten, der vom Heimatdörfchen in die große aufregende Welt nach München führte. Und dort auch nur bis ins Deutsche Museum. Das weißt du auch, und je nach Tagesform rollst du nur mit den Augen oder du fragst den Siebengescheiten, woher er das denn so genau weiß, wo er doch in Hintertupfing festklebt wie die Fliege am Fliegenfänger im Kuhstall? Genauso wenig, wie du den Reisemuffel nach Besichtigungstipps fragen würdest, hörst du auf seine von keinerlei Sachkenntnis getrübten Ratschläge. Und das ist gut so!

Diese Hellsichtigkeit fehlt einem leider in manchen Situationen, in denen andere einem ungefragt ihre Meinung aufdrängen. »NFTs? Das ist doch wieder so ein neumodisches Zeugs!«, erklären dir Leute, die Non-Fungible Tokens nur vom Hörensagen kennen und deren wichtigster Schritt in die Digitalisierung der ist, dass sie auf der Gemeindeverwaltung mit einer Windows-Version aus dem letzten Jahrtausend Bürgerdaten in Tabellen eingeben. »Geld-Mentoring machst du? Ist das ohne Ausbildung im Finanzbereich überhaupt erlaubt? Außerdem, wer nicht erbt, kommt hierzulande doch sowieso zu nix«, erklärt jemand, der es auf diese Weise schafft, in einem Atemzug deine Expertise anzuzweifeln und sich selbst zum Experten in Geldfragen zu ernennen.

Lass es nicht zu, dass solche Menschen Zweifel in dir säen. Kritik ist wichtig, kritisches Gelaber ahnungsloser Wichtigtuer nicht. Oft steckt hinter ihrem Gerede ohnehin nur eine gehörige Portion Neid. »Nimm keine Kritik an von Menschen, die du nicht um Rat fragen würdest!« (PS: Das gilt auch und gerade im Familienkreis, für missgünstige Schwägerinnen wie nörgelnde Schwiegerväter, die sich für ihr Engelchen was Besseres vorgestellt haben.)

Und da wir gerade beim Thema »Rat holen« sind: Nimm auch keinen Rat an von Menschen, die nicht da sind, wo du hinwillst. Die Welt wimmelt von Karriereberatern, die keine Karriere gemacht haben und Vermögensberatern, die selbst finanziell gerade so über die Runden kommen. Das hindert sie nicht daran, anderen Menschen die Welt zu erklären und auf schicken Websites den Eindruck zu erwecken, sie hätten den Stein der Weisen eigenhändig ausgebuddelt.

Sich Rat bei Experten zu holen ist die beste Abkürzung zum Erfolg. Das setzt aber voraus, dass der Experte schon da ist, wo du noch hinwillst. Nur dann kann er dir zuverlässig den Weg zeigen – und das auch nur, wenn er selbst nicht nur erfolgreich ist, sondern auch gut erklären und auf dich eingehen kann. Um das rauszubekommen, gibt es in der Regel kostenlose Vorgespräche. Sei nicht geizig, wenn es darum geht, Expertise einzukaufen, die dich wirklich weiterbringt – aber sei inhaltlich anspruchsvoll. Wenn du ein kleines Vermögen aufbauen willst, sollte dein Experte bereits ein großes Vermögen aufgebaut haben. Wenn du ein besserer Verkäufer werden willst, sollte dein Trainer erwiesenermaßen eine Granate im Verkauf sein. Und wenn du selbst deine Karriere pushen willst, kann dir dabei jemand am besten helfen, der viele Stufen auf der Karriereleiter gemeistert hat. Weil wir gerade beim Thema NFTs waren. Da ist es besonders einfach: Da die Blockchain öffentlich und einsehbar ist, kannst du jederzeit schauen, welche NFTs der selbsternannte NFT-Experte (in diesem Fall ich) eigentlich wann zu welchem Preis gekauft hat. Du findest meine Wallets bei Opensea.io. Sie heißen »Warrenhimself« und »Warrenvault«. Und wenn du mehr wissen willst, lies einfach mein Bestseller-Buch *Reich mit NFTs*.

ABER,
ABER -
RUMGELABER!

Unsere nächsten Verwandten im Tierreich, die Menschenaffen, haben es vermutlich leichter als wir. Ich kann mir nicht vorstellen, dass die Bonobo-Frau zum Bonobo-Mann sagt: »Das Schlafnest ist ja ganz schön, aber ich hätte doch gern etwas mehr Laub drin. Und die Zweige gefallen mir auch nicht mehr. Hast du dir mal das Nest von den neuen Nachbarn angesehen?« Wenig wahrscheinlich auch, dass der eine Orang-Utan zum anderen meint: »Klar können wir einen Ausflug in den Nachbarwald machen. Aber du übernimmst das Risiko, dass wir da Ärger mit dem Nebelparder[20] bekommen.«

Unsere Sprache mit ihren vielfältigen Ausdrucksmöglichkeiten ist es, die uns vom Tier unterscheidet. Mit ihr knüpfen und pflegen wir soziale Kontakte. Leider schaffen wir uns mit ihr auch einen Großteil unserer Probleme, und damit meine ich jetzt nicht Blondinenwitze, meterlange Beipackzettel oder hirnfreie Social-Media-Diskussionen. Mit manchen sprachlichen Gewohnheiten stellen wir uns in ganz »normalen« Gesprächen ein Bein. Hast du beispielsweise mal darauf geachtet, wie oft du am Tag »Ja, aber …« sagst? Dann hast du vielleicht schon bemerkt, dass »Ja, aber …« dich meist nicht weiterbringt, sondern im schlimmsten Fall nur zu einer hitzigen Diskussion führt. Nehmen wir das Schlafnest. Könnten Bonobos reden, ginge es vermutlich so weiter: »Ja, aber die neuen Nachbarn haben auch gerade gebaut, und wir nicht.« – »Das mag sein, aber warum renovieren wir nicht?« – »Super Idee! Aber wer soll das bezahlen??« Da sie zu solchen sprachlichen Höhenflügen nicht fähig sind, kreischen die Bonobos halt nur ein bisschen herum und versöhnen sich dann mit schnellem Sex.

»Ja, aber …« heißt in den meisten Fällen schlicht »Nein«. Das »Aber« entwertet alles, was davor kommt: »Dein Auftritt war super, aber du bist ja etwas schwer reingekommen.« – Hä? Das nenne ich mal ein vergiftetes Lob! Außerdem ist »Ja, aber …« häufig die schnelle Keule, mit der man das Argument des anderen abschmettert, ohne groß darauf einzugehen. Du machst einen (wie du findest) tollen Vorschlag und hast kaum zu Ende geredet, da kommt schon das »Ja, aber …«. Wenn du Pech hast, wirst du sogar auf halber Strecke unterbrochen. Und da das Leben gerecht ist: Was dich auf die Palme bringt, ärgert auch dein Gegenüber, wenn du selbst die Ja, aber-Keule rausholst.

»Ja, aber« hilft dir keinen Schritt weiter. Es eröffnet meist nur einen unbefriedigenden Schlagabtausch. Eine kleine Änderung kann das verhindern. Sag lieber »Ja, *und* …«. »Dein Auftritt war super. Und wenn du an deinem Anfang noch ein bisschen feilst, wird er noch besser.« »Ja, Renovieren könnten wir. Und wir sollten auch schauen, was wir da an Geld in die Hand nehmen müssen.« Im Idealfall »erzieht« dich das »Und« sogar dazu, eine kleine gedankliche Pause zu machen und dich stärker auf den anderen einzulassen: »Dein Auftritt war super. Besonders gefallen hat mir die Musik, und auch die Parodien fand ich klasse. Und wenn du am Anfang noch ein bisschen feilst, ist es perfekt!« oder »Renovieren könnten wir. An was hattest du denn gedacht?« – (…) – »Das klingt gut. Und wir sollten mal gucken, welche Kosten da auf uns zukommen.« Probier's einfach mal. Es wird viele Kontakte angenehmer gestalten. Und auf Dauer stärkt es auch dein Netzwerk.

Die Macht
des
Drandenkens

Hier geht es zur Abwechslung mal nicht um die Macht der Gedanken. Wie wichtig dein Mindset ist, kannst du in den Abschnitten MENTALE STÄRKE und ANDERS DENKEN nachlesen. Hier möchte ich eine Lanze brechen für die vielen Kleinigkeiten, mit denen du dein Netzwerk pflegst. Und dafür musst du einfach nur drandenken.

Geburtstage sind so ein Thema. Manche Menschen machen sich nichts aus ihrem Geburtstag. Das ist völlig in Ordnung. Was nicht in Ordnung ist: sich selbst nichts aus den Geburtstagen der Menschen in seinem Netzwerk zu machen. Ob Freunde, Verwandte, Bekannte, Geschäftspartner, wichtige Kunden, Kollegen … – einmal im Jahr an den anderen zu denken, ist im Grunde kein Aufwand. Und selbst, wenn der Betreffende aus seinem Geburtstag keine große Sache macht, wird er sich über eine WhatsApp, einen Facebook-Gruß, eine Karte oder einen Anruf freuen. Außerdem ist es weit wertschätzender, als nur dann an jemanden zu denken, wenn er dir einen Gefallen tun soll. Und Wertschätzung ist, wie du ja weißt, ein wichtiger Grundstein eines guten Netzwerks (siehe Kapitel 61 und die W-I-N-Formel).

Noch besser ist es, wenn du auch in anderen Dingen aufmerksam bist und auf dein Gegenüber eingehst. Geschenke sind so ein Thema. Viele Menschen haben keine Ahnung, was sie einem anderen schenken sollen. Davon leben Sockenhersteller, Floristen, Parfümerien und auch Buchhandlungen. (Wobei: Bücher sind natürlich ein super Geschenk. Besonders dieses hier oder auch meine beiden anderen *Geld allein ist auch eine Lösung* und *Reich mit NFTs*! 😊) Und es ist auch ziemlich fantasielos, den anderen zu löchern, er solle sich doch bitteschön was wünschen, und damit den schwarzen Peter an den zu Beschenkenden weiterzureichen. Stattdessen reicht es oft schon, ein bisschen genauer hinzuhören, wenn der andere von sich erzählt. Interessant sind Sätze, die mit »Ich würde gern mal …« beginnen. Wenn jemand sagt, »Ich würde gern mal Kitesurfen …«, könntest du einen Schnupperkurs verschenken. Oder schauen, ob es Bücher von begeisterten Kitesurfern gibt. Oder einen Führer der besten Surfstrände in Europa, wo man Kitesurfen lernen kann. Oder ein Shirt, das sich fürs Kitesurfen besonders eignet, besorgen. Mit ein bisschen Überlegung findest du für jedes Budget was. Viele Geschenkideen lassen sich an Hobbys anknüpfen. Worüber könnten sich Wanderfreunde, Opernfans, Hobbyköche, Freeclimber, Tango-Tänzer, Segler, Bierdeckelsammler, Gartenfreunde … freuen? Das alles setzt natürlich voraus, dass du weißt, welches Hobby der andere hat. Und dabei hilft dir nicht nur das »I« der W-I-N-Formel (Interesse), sondern auch schlicht ein Notizbuch oder das Adressbuch auf deinem Handy, wo du zu jedem Namen auch Geburtstage und andere Besonderheiten notieren kannst – Namen der Kinder, interessante Projekte, liebste Urlaubsziele, was auch immer. Vor einem Zusammentreffen wirfst du einen kurzen Blick auf deine Notizen, und du hast immer einen prima Gesprächseinstieg.

Das ist alles nicht neu. Man muss es halt nur machen. Und daran hapert es doch erstaunlich oft. Das beginnt häufig schon beim Namen, der vergessen oder verhunzt wird. Und da sind wir alle empfindlich. Besonders lustig: Wenn mir Menschen Werbe-E-Mails schreiben, die mir Kommunikation, Achtsamkeit oder Empathie beibringen wollen und dann so anfangen:

*»Hallo Frau Hager …«*
*»Sehr geehrter Herr Haker …«*
*»Lieber Maik …« (mag ich besonders gern)*

Da werd' ich echt grätzig. Kleinkariert? Nö, einfach menschlich.

# AUSBLICK

## WARUM AUCH DEIN NETZWERK ÜBER ERFOLG ODER MISSERFOLG ENTSCHEIDET

Beziehungen schaden nur dem, der keine hat. Punkt.

Über »Vitamin B« wird hierzulande gern gelästert: »Der hat den Job auch nur über Kontakte bekommen.« Ja, und? Zumindest war »der« klug genug, nützliche Kontakte aufzubauen. Und diese Fähigkeit kommt im Job wahrscheinlich auch seinem Arbeitgeber zugute.

Die Welt wird immer unübersichtlicher. Deshalb werden persönliche Kontakte zukünftig noch wichtiger werden. Wer hat schon Lust, sich im Internet auf die Suche nach einem neuen Zahnarzt, einer kompetenten Finanzberaterin oder einem Webdesigner zu machen? Eine persönliche Empfehlung ist einem da allemal lieber. Und das gilt wahrscheinlich auch in deiner Branche.

Ein gutes Netzwerk zeichnet sich eher durch Qualität als durch Quantität aus. 500 Facebook-»Freunde« besagen gar nichts, wenn das Menschen sind, die sich kaum an dich erinnern. 15 echte Kontakte zu Mit-Erdbewohnern, die dich kennen, schätzen und unterstützen – so, wie du sie auch unterstützt – können den Unterschied zwischen Erfolg und Misserfolg machen. Ein solches Netzwerk kriegst du nicht von heute auf morgen. Es ist aber auch nicht schwer, wenn du die Augen offen hältst und positiv auf Menschen zugehst. Dabei helfen dir die Anregungen aus diesem Buch.

# ANDERS DENKEN:

## DER WEG ZUM GLÜCK

Es gibt eine Anekdote, die gern in Verkäuferseminaren erzählt wird. Sie handelt von zwei Schuhverkäufern, die in ein afrikanisches Land geschickt werden, um den dortigen Markt zu erschließen. Der erste Außendienstler kommt dort an, schaut sich um und will sofort wieder abreisen. »Keine Chance!«, telegrafiert er der Firma: »Kaum jemand hier trägt Schuhe!« Der zweite Außendienstler kommt an, sieht sich um und telegrafiert ebenfalls nach Hause, aber begeistert: »Tolle Möglichkeiten! Kaum jemand trägt Schuhe!«

Dieselbe Wirklichkeit. Zwei Deutungen, die unterschiedlicher nicht sein könnten. Langsam spricht sich herum, dass es »die« Wirklichkeit ebenso wenig gibt wie den bayerischen Wolpertinger oder das Ungeheuer von Loch Ness. Unsere persönliche Wirklichkeit wird davon bestimmt, was wir über sie denken, durch welche Brille wir sie betrachten. Es gibt Menschen, die finden noch im schönsten Traumhotel ein Haar in der Suppe (»Die Teller im Restaurant waren nicht vorgewärmt!«). Und es gibt andere, die sind im kargen Hostel nebenan glücklich, weil der Sonnenuntergang so schön und die Gesellschaft so bunt gemixt ist. Sonnenkinder und notorisch Unzufriedene trennen nicht Lebensstandard, Einkommen oder die willkürliche Gunst eines launischen Schicksals. Sondern vor allem eines: die Haltung zum Leben. Und deshalb lohnt es sich, beim Denken öfter mal die Richtung zu wechseln!

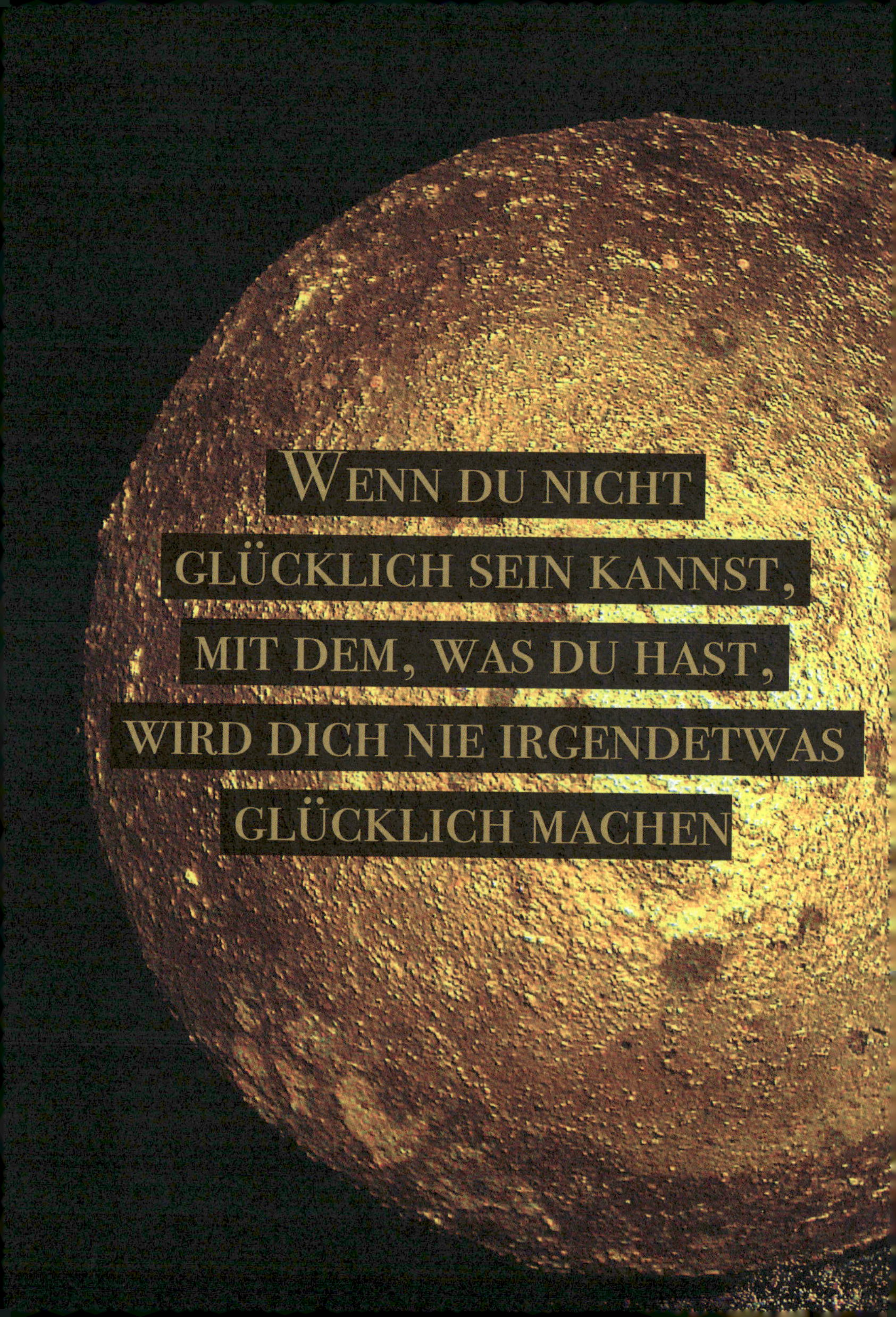
WENN DU NICHT
GLÜCKLICH SEIN KANNST,
MIT DEM, WAS DU HAST,
WIRD DICH NIE IRGENDETWAS
GLÜCKLICH MACHEN

Alle Menschen möchten glücklich sein. Zumindest kenne ich niemanden, der freiwillig unglücklich wäre. Okay, abgesehen von Griesgram Oskar aus der Sesamstraße, aber der wohnt mit Gattin Grieshilde auch freiwillig in einer Mülltonne. Einer der größten und häufigsten Denkfehler in Sachen Glück beginnt mit »wenn ich erst«. Wenn ich erst mehr verdiene, wenn ich erst ein Haus gekauft habe, wenn ich erst mein Traumauto fahre ..., dann – ja dann werde ich glücklich sein! Bis dahin aber darbt der Mensch, weil ihm zu seinem Glück noch der passende fahrbare Untersatz oder die repräsentative Immobilie fehlt. Du merkst vielleicht, wie schräg das klingt. Und es klingt nicht nur so: Es *ist* schräg.

Wenn du nicht glücklich sein kannst mit dem, was du hast, wirst du auch nicht glücklich sein mit dem, was du haben möchtest. Zumindest nicht dauerhaft. Dinge machen nicht glücklich, jedenfalls nicht in einer wohlhabenden Gesellschaft wie unserer, in der elementare Grundbedürfnisse gedeckt sind. Dein Haus, dein Boot, dein Auto heben dein Glücksgefühl nur kurze Zeit, dann sinkt es wieder auf dein gewohntes Glückslevel. Vielleicht blickst du ein paar Monate lang morgens nach dem Aufstehen mit seligem Grinsen in den Garten deines neuen Eigenheims. Doch dann richtet der Maulwurf auf deinem Rasen das diesjährige Vereinstreffen der Turbo-Maulwürfe aus, der Nachbar entpuppt sich als schwerhöriger Heavy-Metal-Fan und im Bad dringt Wasser aus der Wand, weil der Installateur einen schlechten Tag hatte. Und schon bekommt dein Glück dicke Kratzer. Das alles heißt nicht, dass du keine Immobilie kaufen solltest – im Gegenteil, ich bin absoluter Fan von Immobilien als Bestandteil des Vermögensaufbaus. Es heißt vielmehr: Häng dein Glück nicht an Dinge. Sei glücklich auch ohne sie. Das ist schon deshalb schlau, weil es immer jemanden geben wird, der mehr hat, ein größeres Haus, ein schöneres Boot, ein teureres Auto.

Das klingt erst mal wie das »Wort zum Sonntag«, ist aber eins der besten Rezepte zum Glücklichsein, das ich kenne. Bei der Umsetzung hilft dir eine simple Übung: Mach es dir zur Gewohnheit, einmal am Tag aufzuzählen, wofür du dankbar sein kannst. Für deine Gesundheit. Für gute

Freundschaften. Für die Mittagspause in der Sonne. Für den Urlaub am Meer, auf den du dich freust. Alles Anlässe, glücklich zu sein. Diese Dankbarkeitsübung kannst du auf dem Weg zur Arbeit machen, abends beim Zähneputzen oder gleich morgens unter der Dusche. Auf Dauer verändert sie deinen Blick auf das Leben. Dein Fokus geht weg von der allzu vertrauten Gewohnheitsjammerei, in die viele gern einstimmen (Die miese Rente! Der Regen! Schon wieder Grünkohleintopf in der Kantine!), und hin zu den guten Dingen in deinem Leben. Glück ist eine Frage der Lebenshaltung, wie viele kluge Leute schon lange vor mir erkannt haben. »Da es sehr förderlich für die Gesundheit ist, habe ich beschlossen, glücklich zu sein«, verkündete einst Voltaire und wurde damit im 18. Jahrhundert auch ohne Blutdrucksenker und Herzschrittmacher 83 Jahre alt. Und Abraham Lincoln, 16. Präsident der USA, wusste: »Die meisten Menschen sind so glücklich, wie sie es sich selbst vorgenommen haben.«

Ich für meinen Teil habe mir zum Beispiel vorgenommen, mit meinem 20 Jahre alten Alu-Rennrad glücklich zu sein, auch wenn manche Freunde inzwischen auf ultraleichte (und entsprechend teure) Carbon-Rennräder umgestiegen sind. Dadurch spare ich nicht nur Geld, sondern ich bleibe auch noch fit, denn ich muss mich anstrengen, um weiterhin mit meinen Carbon-Freunden mitzuhalten. Und dass mir das gelingt, das macht mich jedes Mal gleich ein bisschen glücklich.

JEDER ERFÜLLTE

WUNSCH

IST EIN ZERSTÖRTER

TRAUM

Gleich noch einmal zum Thema »Besitz«. Vor vielen Jahren war es mein größter Wunsch, einmal ein Cabrio zu besitzen. Ich habe mir das Cabrio-Fahren in den schönsten Farben ausgemalt. Als ich dann endlich genug Geld hatte, habe ich meinen Traumwagen geleast. Zwölf Wochen Lieferzeit, in denen ich mich wahnsinnig auf mein Cabrio gefreut habe: »Bald kann ich mir mit offenem Dach beim Fahren den Wind um die Nase wehen lassen. Ich werde das so genießen! Ich werde im Sommer an den See fahren mit dem Cabrio, und es wird wunderschön sein.«

Dann kam das Cabrio, und es war genau so: wunderschön. Ich hab's genossen, viele Wochen, den ganzen Sommer lang. Bis auf den heftigen Sonnenbrand natürlich, den ich mir geholt hab', weil man durch den Fahrtwind die Sonne unterschätzt, vor allem wenn sich das Haupthaar langsam lichtet. Wie sagt man so schön: Meine Haare gehen ohne mich aus. Ach ja und bis auf das lästige Dach auf/Dach zu, wenn ich geschäftlich telefonieren musste und es mit offenem Verdeck zu laut war. Irgendwann gingen mir dann noch der Wind und die Lautstärke auf die Ohren. Ich merkte, ich fahre eigentlich fast immer geschlossen. Und im Münchner Winter ist so ein Cabrio auch nicht gerade praktisch, vor allem, wenn man keine Garage hat. Seitdem weiß ich, warum es heißt »Jeder erfüllte Wunsch ist ein zerstörter Traum.«. Mit meiner Cabrio-Ernüchterung bin ich offenbar kein Einzelfall. Ich habe eine Studie gelesen, nach der eine größere Anschaffung Menschen im Schnitt etwa drei Monate glücklich macht. Dann hat man als Konsument wahrscheinlich festgestellt, dass man dauernd Blätter aus dem neuen Swimmingpool fischen muss, dass der gewachste Holzboden sich schlecht mit Rotweingelagen verträgt und dass die todschicke Lederjacke offenbar ein Verkaufsschlager war und gar nicht so einmalig ist.

Was bedeutet das nun? Vor ein paar Jahren haben drei US-Psychologen einen Aufsatz publiziert, der den schönen Titel hat: »Wenn dich Geld nicht glücklich macht, gibst du es wahrscheinlich nicht für die richtigen Dinge aus«.[21] Die zentrale Erkenntnis daraus kann ich voll unterschreiben: Erlebnisse machen glücklicher als Besitz. Ein tolles Konzert, eine spektakuläre Reise oder ein unvergessliches Fußballspiel verschaffen dir auch in der Erinnerung immer wieder Glücksmomente. Vielleicht hätte ich mir mein Traum-Cabrio einfach für ein paar sonnige Urlaubstage mieten sollen, statt es gleich zu kaufen. Oder denk mal daran, was du während der Corona-Pandemie am meisten vermisst hast. Wahrscheinlich waren das eher gemeinsame Unternehmungen mit Freunden, Theater, Kneipe oder Konzerte, Sport oder Reisen oder all das zusammen – und nicht, dass der Douglas und der H&M und der Äppel-Store zugesperrt waren.

Noch ein Punkt: Vorfreude ist wirklich die schönste Freude. Das kennst du aus der Kindheit: Du zählst die Tage bis Weihnachten. Jedes Türchen im Adventskalender ist ein Meilenstein. Dann ist der große Moment endlich da – und schwupps vorbei. Oft auch ein bisschen enttäuschend, und das nicht nur, weil das Christkind offenbar deine Bestellung der neuesten Playstation verlegt hat und stattdessen einen Schlafanzug lieferte. Das heißt nicht, dass man keine Wünsche haben und darauf hinarbeiten sollte. Das ist ja auch ein schöner Antrieb, im Leben etwas auf die Reihe zu kriegen (vgl. Kapitel 19 »Sag nie, das kann ich mir nicht leisten«). Es heißt nur, sich nicht krampfhaft an erfüllte Wünsche zu klammern. Ein Freund von mir sagt immer, »Mei, leb's halt einfach mal und probier's aus. Und wenn du's gelebt hast, frag dich, ob du's auch weiter brauchst.«. Und das finde ich doch mal einen nützlichen Ratschlag. Und so besitze ich im Moment gar kein eigenes Auto …

Wer als einziges
Werkzeug einen

# HAMMER

hat, der sieht
überall nur

# NÄGEL

Stell dir vor, du hast einen Rohrbruch in der Wohnung. Endlich klingelt es, der Klempner ist tatsächlich schnell gekommen. Du öffnest die Tür. Draußen steht jemand im Blaumann, der einen Hammer in der Hand hält – einen alten Hammer und sonst nix. Wahrscheinlich wird dir ein bisschen mulmig, und das zu Recht. Denn dieser Handwerker macht in der nächsten Stunde nichts anderes, als gegen alle möglichen Wände und Rohre in deiner Wohnung zu klopfen. Was soll er auch anderes tun: Er hat kein anderes Werkzeug. Von Erfolg gekrönt ist das nicht, aber er klopft unverdrossen weiter.

Was beim Rohrbruch absurd wirkt, ist eine verbreitete Alltagsstrategie. Wir alle gewöhnen uns im Laufe der Zeit bestimmte Verhaltensweisen an, mit Problemen umzugehen (oder mit »Herausforderungen«, wie man heute im Motivationsdeutsch sagt). Elterliche Vorbilder und frühe Erfahrungen spielen dabei eine Rolle. Wer beispielsweise gelernt hat, dass man im Leben nur mit brachialer Durchsetzungskraft weiterkommt, setzt fortan Kollegen, Mitarbeiter oder auch den Partner bei jeder Gelegenheit unter Druck, um sein Ziel zu erreichen. Dabei würde oft die freundliche Bitte ausreichen oder wäre sogar erfolgreicher. Schlimmer noch: Weil der »Druck-Macher« ständig mit dem Holzhammer unterwegs ist, packen auch die anderen das große Besteck aus. Was den Holzhammerfreund wiederum darin bestätigt, dass es ohne Druck nun mal nicht geht – die klassische selbsterfüllende Prophezeiung.

Vom Klempner erwarten wir ganz selbstverständlich, dass er einen gut gefüllten Werkzeugkoffer dabei hat und die Werkzeuge auspackt, die im aktuellen Fall das Problem am besten beheben. Dazu schaut er sich erst einmal aufmerksam an, was überhaupt Sache ist, und entscheidet dann, was zu tun ist (na ja, idealerweise jedenfalls). Was hindert dich, es im Alltag genauso zu machen und gewohnte Verhaltensmuster zu durchbrechen? Also erst einmal hinzuschauen: Was braucht mein Gegenüber? Wie tickt der oder die? Und wie kann ich am besten damit umgehen? Der eine braucht vielleicht ein paar geduldige Erklärungen und ein bisschen Zeit. Die andere möglicherweise auch mal Klartext. Und für Entscheidungsfreudige besonders schwer zu ertragen: Der (oder die) Dritte will einfach nur Dampf ablassen, ohne gleich kluge Ratschläge zu ernten.

Je besser gefüllt dein »Verhaltenskoffer« ist, beispielsweise mit zuhören, nachfragen, sich austauschen, sachlich argumentieren, Grenzen ziehen, eigene Wünsche formulieren, Geduld haben, zuspitzen, Nein sagen, und, und, und, desto mehr wirst du erreichen. Voraussetzung: Du schaust auch mal zum anderen hinüber und nicht nur auf dich selbst. Mein Schlüsselerlebnis dazu: Ich hielt mit dem Auto kurz im Halteverbot, um Kinokarten zu kaufen. Als ich zurückkam, sah ich schon den Polizisten, der gerade meinen Strafzettel ausfüllte. Prompt fing ich an zu verhandeln: »Das waren doch nur zwei Minuten! Ich war doch nur gerade Karten kaufen!« – »Trotzdem, hier ist absolutes Halteverbot!«, so die lapidare Antwort. Und statt wie sonst weiter zu diskutieren und zu verhandeln, lenkte ich ein: »Sie machen ja auch nur Ihren Job, da hab' ich Verständnis.« Worauf der Beamte stutzte, »Wie? Verständnis haben's?!« Sprach's, zerriss den Strafzettel (wirklich!) und ging seiner Wege. Und ich hatte wieder was gelernt: Wer immer das Gleiche macht, sollte nicht auf andere Ergebnisse hoffen. Sondern vielleicht einfach mal ein anderes Werkzeug aus der Kiste holen.

The rise is always better than the peak
(Unterwegs ist es schöner als auf dem Gipfel)

Wenn ich an meine Zeit beim Radio zurückdenke, fallen mir viele besondere Momente ein. Wie wir beim Studentenradio unter dem Mischpult schliefen – im wörtlichen und nicht etwa übertragenen Sinne! –, um so rechtzeitig morgens wieder auf Sendung zu sein. Wie gut nach 16 Stunden Arbeit die Pizzaschnitte vom Imbiss um die Ecke schmeckte. Wie mühsam es war, Tonbänder von Hand zu schneiden, weil wir keinen Digitalschnitt hatten. Wie sensationell es sich anfühlte, ein Vorstellungsgespräch bei Antenne Bayern zu haben und zuvor den ersten richtig bezahlten Job beim Radio. Erst danach kommt mir ein absolutes Highlight in den Sinn, das Riesenkonzert im Stadion, wo ich vor 66.000 Menschen Joe Cocker, den seligen Cocker-Sepp, ansagen durfte. Einem berühmten Kollegen aus den USA erging es offenbar ähnlich: »Everyone wants to live on top of the mountain, but all the happiness and growth occurs while you're climbing it.« (Jeder möchte oben auf dem Berg leben, aber das ganze Glück und persönliches Wachstum geschieht, während du hochsteigst.) Das sagte Andy Rooney, eine wahre Radio-Legende. Rooney machte noch mit 92 Jahren Programm und hatte da einen steilen Aufstieg bis zum »Lifetime Achievement Emmy« für seine journalistische Arbeit hinter sich. Vermutlich erinnerte er sich trotzdem lieber an seine ersten journalistischen Gehversuche in den Fünfzigerjahren als an spätere Preisverleihungen mit vorhersehbaren Lobreden, Vier-Gänge-Menü und krampfhaft lockerem Smalltalk.

Es ist gut, sich ehrgeizige Ziele zu setzen und sich entschlossen auf den Weg dahin zu machen. Nur so kommst du im Leben weiter. Genauso wichtig ist es aber, den Weg selbst zu genießen. Sich Glücksmomente bewusst zu machen. Auch mal rechts und links zu schauen. Der Weg ist lang, die Zielerreichung ein kurzer Moment, der oft nicht einmal von Euphorie geprägt ist, sondern von merkwürdiger Leere. Ganz oben zu stehen ist ein zwiespältiger Moment: Was soll jetzt noch kommen? Was macht ein Tennisspieler, der drei Mal das Turnier von Wimbledon gewonnen hat wie einst Boris Becker? Danach ging's nur noch bergab mit Besenkammern, geschäftlichen Pleiten und Steuerskandalen. Deshalb ist es gut, wenn du ein großes übergeordnetes Ziel hast, das du womöglich nie erreichst (vgl. Kapitel 36). Sonst brauchst du bald ein neues großes Ziel, dem du zustreben kannst. Nicht ohne Grund ist »*das Streben* nach Glück« in der amerikanischen Unabhängigkeitserklärung verankert – mithin das unveräußerliche Recht, sich an den spannenden Aufstieg zu machen. Und nicht etwa das Recht auf einen Fahrstuhl zum Gipfel.

Wenn du deinen Weg genießen kannst, lebst du im Heute. Wenn du dagegen wie auf Autopilot auf dein Ziel zubretterst, ohne die Gegenwart groß wahrzunehmen, lebst du im Morgen. Das ist ein Leben auf Sparflamme, wie mancher leider erst feststellt, wenn er sich auf dem Gipfel seiner Karriere umsieht und bemerkt, dass da sonst niemand mehr ist: keine Freunde, keine Familie, eben keine Wegbegleiter. Deswegen heißt es vermutlich auch »Wegbegleiter« und nicht »Zielbegleiter«. Dein Leben findet jetzt statt, heute, in diesem Moment. Und so gesehen ist tatsächlich der Weg das Ziel, wie der alte Konfuzius meinte. Und der ist in diesem Punkt sicher nicht auf einem Holzweg.

Lieber unperfekt
starten als
perfekt warten

Im Internet kursiert ein Foto des ersten Büros von Jeff Bezos. Dort sitzt der Amazon-Gründer und spätere Milliardär an einem provisorischen Schreibtisch, der erkennbar ein erstes Leben als Türplatte hinter sich hat. Ansonsten ist der Raum bis auf einen Computer so kahl wie später der Kopf des guten Jeff. Auf späteren Aufnahmen ziert dann noch ein offensichtlich selbstgesprühter amazon.com-Schriftzug die Wand.[22] Bezos begründet das karge Ambiente damit, er habe sein Geld lieber für Dinge ausgeben wollen, die seinen Kunden nützten, als für anderes.

Bezos hatte kein Problem damit, sich mit Provisorien ins Business zu stürzen. Mancher Gründer hierzulande dagegen:

... informiert sich als Erstes über die Fördermöglichkeiten der Arbeitsagentur (Ich-AG?, Überbrückungsgeld?, Gründerzuschuss?, Und was es sonst so geben mag) und wartet geduldig Wochen auf einen persönlichen Beratungstermin,

... bucht dann noch ein Gründer-Seminar bei der IHK (leider erst in drei Monaten wieder, aber ohne Diplom geht nun mal nix),

... überlegt, ob er nicht auch noch einen HTML-Kurs, ein Online-Marketing-Seminar oder wenigstens eine Rhetorik-Schulung braucht (wieder gehen Wochen ins Land),

... bastelt ein Jahr lang an seiner Website, die dann immer noch nicht perfekt ist,

... brütet intensiv über einem passenden Logo, bevor er zu dem Schluss kommt, da einen Profi ranzulassen (der aber erst in sechs Wochen Zeit hat),

... und wundert sich am Ende, dass ein anderer dieselbe Geschäftsidee hatte und längst an ihm vorbeigezogen ist.

Ob das nun Perfektionismus ist oder bloße Aufschieberitis – das Ergebnis ist dasselbe: So erreichst du nichts. Wer zögert, handelt nicht. Wer nicht handelt, macht keine Erfahrungen. Wer keine Erfahrungen sammelt, lernt nichts dazu. Jeff Bezos hatte nicht den perfekten Businessplan für das Imperium, das er heute regiert. Er fing erst mal mit Büchern an und hangelte sich dann weiter.

Wenn du erst die perfekten Laufschuhe, das optimale Outfit und einen Check-up beim Orthopäden brauchst, um mit dem Sporttreiben anzufangen, wird es wahrscheinlich nix mit dem Abnehmen. Stattdessen könntest du gleich heute eine Runde um den Block gehen. Und morgen die Nordic-Walking-Stöcke aus dem Keller holen. Wenn du erst die »perfekte« Anlagestrategie und den »perfekten« Zeitpunkt brauchst, um mit dem Vermögensaufbau zu beginnen, wirst du wahrscheinlich noch lange hart am Dispo entlangschrammen. Und wenn du dich beim Online-Dating für die perfekte Kreuzung aus Ironman, Einstein und Rilke aufhebst, athletisch, hochintelligent und schwer romantisch, dann brauchst du auf längere Frist wahrscheinlich kein Doppelbett. Perfekt gibt's im echten Leben nicht. Hinter dem Streben nach Perfektion steckt häufig die Angst vor Risiken. Und dabei übersiehst du womöglich das allergrößte Risiko – das Risiko, im öden Status quo festzustecken wie in einem zähen Sumpf. Und der ist mit Sicherheit eines nicht: perfekt.

WANN WAR DER
BESTE ZEITPUNKT,
ETWAS GUTES
ANZUFANGEN?

**Vor 20 Jahren.**

WANN IST DER
ZWEITBESTE
ZEITPUNKT?

# Heute.

»Jetzt ist es eh zu spät!« Hast du das auch schon mal gesagt? Ich höre das häufig bei meinem Lieblingsthema – Geld. Geld ist für mich gedruckte Freiheit, die Fahrkarte zu einem selbstbestimmten Leben. Und ich wünsche dir, dass du dein Leben exakt so führen kannst, wie du möchtest. Dass es für den Aufbau eines Vermögens »zu spät« sei, habe ich schon von Fünfzigjährigen gehört, von Vierzigjährigen, sogar von noch Jüngeren. Ja, natürlich ist es toll, wenn du schon während der Ausbildung in einen ETF-Sparplan investiert hast und mit 40 vielleicht Millionär bist. Aber falls du während deiner wilden Jahre dein Geld für Rockkonzerte, Drogen und Städtetrips rausgehauen (und den Rest einfach sinnlos verprasst) hast: Ist das ein Grund, später erst gar nicht mit dem Geldanlegen anzufangen? Das erinnert an einen Autofahrer, der einen kleinen Blechschaden hat, weil er dem Vordermann an der roten Ampel hinten drauf gefahren ist. Und der dann noch einmal kräftig Gas gibt, um seinen Wagen vollends zu schrotten, denn »jetzt ist es eh schon egal«.

Der beste Zeitpunkt, mit dem Sparen, Abnehmen oder auch Nichtrauchen anzufangen, mag vor 20 Jahren gewesen sein. Der zweitbeste ist mit Sicherheit heute. Das gilt im Übrigen auch für viele andere Vorhaben: mehr Menschen kennenzulernen, eine Ausbildung abzuschließen, seine »Bucket List« abzuarbeiten, also all die Dinge zu tun, die man im Leben einmal gemacht haben möchte, bevor man den Löffel abgibt. Ob du Surfen lernen willst, vom eigenen Garten träumst oder auf dem Coast-to-Coast-Walk 300 Kilometer quer durch England laufen möchtest, sag nie leichtfertig, dafür sei es jetzt leider »zu spät«. Mein Vorbild ist die Mutter einer Freundin, die noch mit 40 in einer Imbissbude jobbte und nebenbei ihr Abitur nachholte. Und dann ihr Medizinstudium. Heute ist sie Ärztin. Sie würde immer noch Würstchen wenden und Pommes frittieren, hätte sie sich einreden lassen, für diese Ausbildung sei es 20 Jahre zu spät.

Ich habe den Verdacht, hinter den Gedanken »es ist noch nicht perfekt« (Kapitel 70) und »jetzt ist es eh zu spät« steckt ein listiger Masterplan deines inneren Schweinehundes. Hat dein Oinkiwuff, wie ich ihn nenne, diese Kombination richtig gut drauf, kann er nämlich sein liebes langes Leben gemütlich im Schweinehundkörbchen herumlümmeln, ohne auch nur einmal sein weiches Hundekissen zu verlassen. Denn erst sind die Bedingungen nicht perfekt (»Ich habe die perfekte Anlagestrategie noch nicht gefunden«) und dann ist der richtige Zeitpunkt verpasst (»Jetzt bringt es eh nix mehr«). Lass dich nicht in diese Falle locken, sei schlauer als dein Oinkiwuff!

Und hier noch ein paar Fakten, bei denen jeder Schweinehund sich am liebsten die Ohren zuhält: Wusstest du, dass es Achtzigjährige gibt, die den Mount Everest besteigen? Neunzigjährige, die ein Bürgermeisteramt bekleiden? Und dass Hundertjährige schon Marathon gelaufen sind? Wenn du mir nicht glaubst, frag Google mal nach Yūichirō Miura, Josef Rüddel und Fauja Singh. Ziemlich ungemütlich für den Oinkiwuff und seine lahmen Ausreden...

Wenn du erst verstanden
hast, wozu deine
Gedanken
in der Lage sind,
wirst du nie
wieder etwas
Schlechtes
denken

Nein, dich erwartet jetzt kein Crashkurs in »positivem Denken«. Ich werde dir nicht weismachen, du müsstest nur ganz fest daran glauben – und schwupps, schon würde sich deine Traumfigur, der perfekte Job oder auch nur der Parkplatz direkt vor der Haustür materialisieren, wie von einem fleißigen Flaschengeist herbeigehext, derweil du dich bequem zurücklehnst. Ein bisschen weniger trivial ist es schon. Aber genauso wirksam! Die Erkenntnis, dass wir auf Dauer zu dem werden, was wir denken, ist uralt und in vielen Kulturen verbreitet. »Du bist heute das, was du gestern gedacht hast«, stellte der griechische Philosoph Epikur im dritten Jahrhundert vor unserer Zeitrechnung fest. Der römische Kaiser Marc Aurel sagte rund 400 Jahre später: »Das Glück deines Lebens hängt von der Beschaffenheit deiner Gedanken ab.« Und noch einmal ein paar Jahrhunderte später heißt es im jüdischen Talmud:

> »Achte auf deine Gedanken, denn sie werden Worte.
> Achte auf deine Worte, denn sie werden Handlungen.
> Achte auf deine Handlungen, denn sie werden Gewohnheiten.
> Achte auf deine Gewohnheiten, denn sie werden dein Charakter.
> Achte auf deinen Charakter, denn er wird dein Schicksal.«

Damit ist eigentlich schon alles gesagt. Aber obwohl die Talmud-Passage sehr bekannt ist und oft zitiert wird, habe ich nicht den Eindruck, dass viele Menschen sie beherzigen. Sonst würde keiner sich bei Gedanken wie den folgenden ertappen …

- »Immer bin ich der Dumme.«
- »Ich habe eben immer Pech, egal wie sehr ich mich anstrenge.«
- »Ich habe zwei linke Hände.«
- »Übergewicht liegt bei uns in der Familie. Da kann man nix machen.«
- »Die Welt ist schlecht.«
- »Ich bin eben nicht der sportliche Typ.«

- »In meinem Alter wird man eher vom Blitz getroffen, als einen neuen Partner/eine neue Partnerin zu finden.« Usw.

Wer schon als Kind gesagt bekommt, »Du hast eben zwei linke Hände, genau wie dein Vater!«, lässt zeitlebens die Finger von Pinsel, Farbe oder Bohrmaschine und versäumt womöglich eine steile Heimwerker-Karriere. Und wer felsenfest überzeugt ist, er sei auf dem Beziehungsmarkt nicht vermittelbar, könnte über seinen Traummann oder seine Traumfrau stolpern und würde es nicht einmal bemerken. Wir alle unterliegen Glaubenssätzen, die andere (Eltern, Lehrer, Ausbilder) uns eingepflanzt haben und die wir ungeprüft weiter hegen und pflegen wie einen geerbten Gummibaum. Daran sind dann nicht die »Einpflanzer« schuld, sondern wir selbst, weil wir das Monstrum gedankenlos weiter gießen und düngen. Höchste Zeit für eine Entrümpelungsaktion! In meinem Buch *Geld allein ist auch eine Lösung* stelle ich dazu die »4-Fragen-Methode« von Byron Katie vor. Frag dich bei negativen Gedanken:

1. Ist das wahr?
2. Kann ich mit absoluter Sicherheit wissen, dass das wahr ist?
3. Was passiert, wenn ich diesen Gedanken glaube?
4. Wer wäre ich ohne diesen Gedanken?

Und dann kommt das Wichtigste: Kehre diesen negativen Gedanken um – formuliere einen positiven Satz oder sogar mehrere Varianten – und suche Beispiele aus deinem Leben dafür. Sobald du danach Ausschau hältst, wirst du sie auch finden. Denn wie gesagt: Deine Gedanken beeinflussen deine Taten. Und deine Taten bestimmen dein Leben. Wenn du also das nächste Mal etwas Schlechtes über dich, einen anderen oder die Welt ganz allgemein denken willst, erinnere dich daran, dass du gerade aufs falsche Gleis abbiegst.

# AUSBLICK

## WARUM DU VIELLEICHT ANDERS ÜBER GELD DENKEN SOLLTEST ALS BISHER

»Die« Wirklichkeit gibt es nicht, habe ich in der Einleitung zu ANDERS DENKEN festgestellt. Was wir über die Welt denken, wird zu unserer Wirklichkeit. Besonders offensichtlich ist das in Geldfragen. Ich kenne Menschen, bei denen fließt das Gehalt zum Monatsanfang herein – und bis zum Monatsende restlos bis auf den allerletzten Tropfen wieder raus. Monat für Monat, Jahr für Jahr, unabhängig von Gehaltserhöhungen, Weihnachtsgeldern oder Bonuszahlungen. Wer es schafft, monatlich 3.000 Euro rauszuhauen, schafft das locker auch mit 5.000 oder 7.000 Euro. Ich kenne andere, die haben mit viel weniger Einkommen ein kleines Vermögen aufgebaut. Die einen sagen, »Sparen lohnt sich nicht!« oder »Mit meinem Gehalt (gern auch: »Mit ehrlicher Arbeit«) kann ich sowieso nicht reich werden.« Die anderen sind sich sicher, dass selbst Kleinvieh auf Dauer eine Menge Mist macht. Beide behalten recht, denn sie zimmern sich ihre Welt so zusammen, dass ihr persönliches Weltbild keine Risse bekommt.

Was denkst du über Geld? Und welche Folgen hat dieses Denken für deine finanzielle Situation? Was (und wer) hat deinen Umgang mit Geld geprägt? Wie wurde daheim am Küchentisch über Geld geredet? Geh mal davon aus, dass die meisten der unumstößlichen Geld-»Wahrheiten« gar nicht in Stein gemeißelt sind. Sondern bequeme Ausreden oder ungeprüfte Glaubenssätze. Mit einem Extrakonto, auf das am Monatsanfang ein fester Geld-Anteil fließt, habe ich bisher beispielsweise noch jeden Vertreter aus der Fraktion »Ich kann nichts sparen« widerlegt. Wenn du mehr wissen willst, lies einfach mein Buch *Geld allein ist auch eine Lösung!*

# BESSER LEBEN:

## DIE F.A.B.E.L.®-STRATEGIE

Mit der F.A.B.E.L.®-Strategie habe ich mein wichtigstes Erfolgswissen auf fünf einfache Sätze konzentriert:

F FAILING TO PLAN IS PLANNING TO FAIL. Wer es nicht schafft zu planen, plant, es nicht zu schaffen.

A AVERAGE OF FIVE. Du wirst zum Durchschnitt der fünf Menschen, mit denen du am meisten Zeit verbringst.

B BELIEVE IN YOURSELF. Ob du glaubst, du schaffst es, oder ob du glaubst, du schaffst es nicht, du wirst immer Recht behalten.

E ES WIRD MIT DIR GEMACHT, WAS DU MIT DIR MACHEN LÄSST. Wem du die Schuld gibst, gibst du die Macht.

L LIFE HAPPENS FOR YOU, NOT TO YOU. Alles in deinem Leben geschieht zu deinem Besten.

Wenn du möchtest, dass sich dein Leben sofort entscheidend verbessert, beherzige diese Einsichten. Nimm dir am besten Satz für Satz vor. Wenn du tiefer einsteigen willst, kannst du dir meinen F.A.B.E.L.®-Planer besorgen – eine detaillierte Schritt-für-Schritt-Anleitung, mit der du deine Ziele in 90 Tagen erreichst. Dieses aufwendig gestaltete vierfarbige Buch bekommst du bei Amazon.

FAILING
TO
PLAN
IS
PLANNING
TO
FAIL

Mal wird diese Erkenntnis Benjamin Franklin zugeschrieben, mal soll es Winston Churchill gesagt haben: Wer es nicht schafft zu planen, plant, es nicht zu schaffen. Das gilt nicht nur in der großen Politik. Wenn du gerne abnehmen willst, ist es ungünstig, wenn dich am Sonntagabend der Heißhunger überfällt, und du hast nur Tiefkühlpizza und Schokolade im Haus. Du brauchst einen Plan. Und der könnte zum Beispiel so aussehen:

| | |
|---|---|
| Freitag: | Einkaufszettel für den Wocheneinkauf machen. |
| Samstag: | Einkaufen (für leckeres Selbstgekochtes) |
| Sonntag: | Für die kommende Woche vorkochen. Einen Teil frierst du ein, der Rest kommt in den Kühlschrank. |

Auf diese Weise kommst du lässig an Pizza, Burger und Co. vorbei, ohne das Wort »Diät« auch nur zu denken. Selbst, wenn du nur 200 Kalorien pro Tag einsparst und dadurch nicht mehr als 200 Gramm Gewicht pro Woche verlierst, summiert sich das im Monat auf 800 Gramm. Und nach einem Jahr bringst du knapp 10 Kilo weniger auf die Waage. Dieses Prinzip kannst du auf alle Lebensbereiche übertragen:

- Wenn du regelmäßig trainieren willst, machst du am besten Termine mit dir selber, an denen du ins Studio gehst, und hast dann auch die Sporttasche dabei.
- Wenn du von einer eigenen Immobilie träumst, machst du dir am besten einen Plan, wie du deine Einnahmen erhöhen, deine Ausgaben reduzieren und entsprechendes Grundkapital ansparen kannst. Natürlich kannst du es vorziehen, dich lukrativ zu verheiraten, aber selbst dabei ist ein Plan hilfreich.
- Wenn du das Single-Dasein leid bist, gehst du am besten so aus dem Haus, dass du jederzeit deiner Traumfrau, deinem Traummann über den Weg laufen könntest und sorgst dafür, dass deine Wohnung »besuchertauglich« aussieht. Weniger günstig ist, wenn du am

Samstagmittag verkatert durch den Supermarkt schleichst, im Schlabberlook und ohne Zähne geputzt zu haben, weil du das grundsätzlich erst nach dem Frühstück machst. Dann reicht wahrscheinlich schon dein Mundgeruch, um dir die Chance deines Lebens zu versauen.

Weißt du übrigens, wie viele Paare sich im Supermarkt kennenlernen?! 6 Prozent – das sind drei Mal mehr als beim Sport![23] Supermärkte werden eindeutig unterschätzt, was einmal mehr fürs Selberkochen spricht. Das spart dir mit dem Umweg übers Einkaufen vielleicht sogar die Kosten fürs Dating-Portal, und das wiederum bringt dich der Anzahlung für die eigene Immobilie wieder einen Schritt näher. Im Universum hängt eben alles zusammen. Und jetzt erzähl mir bitte nicht, du bist lieber »spontan«. Die Lebenserfahrung besagt: Alles, wozu man sich aufraffen muss, lässt man spontan lieber sein. Von wirklich angenehmen Dingen dagegen wird dich ein bisschen Planung in anderen Lebensbereichen auch nicht abhalten können.

PS: Ich könnte hier jetzt noch die Harvard-Studie zitieren, die seit Jahren durchs Netz geistert. Danach verdienen Studienabsolventen, die ihre Karriereziele aufschreiben und planen, später zehn Mal so viel wie Absolventen, die das nicht tun. Leider hat in Harvard noch nie jemand von dieser Studie gehört.[24] Doch trotz Fake – die Kernbotschaft stimmt: Ob Abteilungsleiter, Vorstand oder Bundeskanzlerin, ohne einen klaren Plan wird das alles nix!

AVERAGE
OF
FIVE

Einer der schönsten Filme von Woody Allen ist *Zelig*. Allen spielt darin einen kleinen Angestellten, Leonhard Zelig, der sich wie ein Chamäleon seiner jeweiligen Umgebung anpasst. Unter Gangstern mutiert er zum musterhaften Ganoven, auf dem Psychologenkongress wird er zum Analytiker, im Deutschland der Dreißigerjahre verwandelt er sich in einen lupenreinen Nazi. Einerseits ist das natürlich eine Steilvorlage, um sich über Nazis, Psychiater und Gangster lustig zu machen. Andererseits steckt bei aller Übertreibung eine tiefe Wahrheit darin: Unsere nächste Umgebung färbt unweigerlich auf uns ab. Der Motivationsexperte Jim Rohn brachte das auf die schon zitierte Formel: »You are the average of the five people you spend the most time with.« – Du wirst zum Durchschnitt der fünf Menschen, mit denen du die meiste Zeit verbringst.

Auch das ist natürlich griffig zugespitzt. Es können auch drei oder sieben Menschen sein, das ist nicht der Punkt. Stell dir vor, bei dir auf der Arbeit lesen alle Yellow Press, meckern übers Wetter und schimpfen auf »die da oben«. Spätestens nach einem halben Jahr blätterst du in der Frühstückspause die Schlagzeilen durch, stellst fest, dass es wieder mal zu kalt (zu heiß, zu nass, zu trocken, jedenfalls »Wetter«) ist und machst die Regierung für alle Übel der Welt verantwortlich, das Wetter eingeschlossen. Oder du warst so schlau, dir rechtzeitig einen anderen Job zu suchen. Wer mal auf einer Party in eine Gruppe von Versicherungsmaklern geraten ist, die für dasselbe Unternehmen arbeiten, merkt, dass es für Gehirnwäsche nicht immer stalinistische Methoden braucht. Es reicht, wenn man lange genug im gleichen Job mit ähnlichen Menschen die gleichen Dinge tut. Dasselbe gilt übrigens auch für Schachfreaks, Hobbygärtner oder Comedians. Nein, das war natürlich ein Scherz. Wir von der Humorfraktion sind selbstverständlich einzigartig. Zumindest glauben wir das alle. Und das ist dann auch schon wieder verdächtig, wenn ich es mir recht überlege …

In der These vom »Durchschnitt der Fünf« steckt eine Aufforderung. Frag dich: Wer sind die fünf wichtigsten Menschen in deinem Leben? Mit wem verbringst du die meiste Zeit? Und dann stell dir die eigentlich wichtigen Fragen: Tun dir diese Menschen gut? Ermutigen sie dich? Bringen sie dich voran? Verbringst du gern Zeit mit ihnen? Wenn du gerade den Kopf schüttelst, denk über mehr Abstand nach. Du musst Kontakte nicht völlig abbrechen, obwohl das im Einzelfall die beste Lösung sein kann. Es bringt schon viel, wenn du auf Distanz gehst. Verabschiede dich vor allem von der Jammerfraktion, die in jeder Suppe büschelweise Haare entdeckt und dir vermittelt, »das schaffst du sowieso nicht« – ganz egal, was du dir vorgenommen hast. Solche Einstellungen sind ansteckend wie ein Virus. In diesem Fall helfen allerdings weder Maske noch 1,5 Meter Abstand. Du brauchst mindestens 1,5 Kilometer Entfernung, verlässt am besten die WhatsApp-Gruppe und gehst nicht jedes Mal ans Telefon, wenn bestimmte Namen hochpoppen.

Das Schöne ist: Der Durchschnittseffekt funktioniert auch andersherum, auf positive Weise. Umgib dich mit Menschen, die meistens gut drauf, optimistisch und ideenreich sind. Mit Menschen, die handeln, statt zu jammern. Du wirst feststellen: Auch dein eigenes Leben wird sonniger und erfolgreicher. Und um Missverständnisse gar nicht erst aufkommen zu lassen: Ich meine damit weder die Zeugen Jehovas, Scientology noch Freizeitesoteriker, sondern ganz »normale« Menschen, die im Leben einfach was bewegen wollen.

BELIEVE IN
YOURSELF

Als ich mich in der Schule das erste Mal als Klassensprecher zur Wahl stellen wollte, fragte ich meine Eltern: »Darf ich mich eigentlich auch selber wählen?« Ihre Antwort weiß ich noch heute: »Klar darfst du dich selber wählen. Du musst dich sogar selbst wählen. Wenn du nicht an dich glaubst, warum sollen dann die anderen an dich glauben?«

Das Vertrauen in sich selbst ist der Schlüssel zum Erfolg, denn: Ob du glaubst, du schaffst es, oder ob du glaubst, du schaffst es nicht, du wirst immer Recht behalten. Kein Künstler kann auf der Bühne glänzen, wenn er beim Auftritt von Selbstzweifeln zerfressen wird. Und wenn es so ist, wird derjenige tendenziell auf Drogen zurückgreifen, Beispiele hierfür gibt es genügend. Kein Verkäufer wird seine Kunden überzeugen, wenn er insgeheim nicht an seine Überzeugungskraft glaubt. Wie hinderlich mentale Bremsen sind, kennst du vielleicht vom Radfahren lernen: Du bist schon eine ganze Strecke fröhlich vor dich hin geradelt, als du den Kopf drehst und merkst: »Oh, hinten schiebt und stabilisiert mich keiner mehr!« Dein Radl-Lehrer winkt dir aus 30 Metern Entfernung zu. Prompt kommst du ins Trudeln und legst dich auf die Nase. Dabei ist das Hindernis nur in deinem Kopf.

Die meisten Menschen schleppen solche mentalen Barrieren mit sich herum. »Übergewicht liegt bei uns in der Familie.« »Bei uns hat es noch keiner auf die Uni geschafft.« »Mit ehrlicher Arbeit wirst du nicht reich.« »Ich habe einfach zwei linke Hände.« »Ich gerate immer an die falschen Typen.« »Mich nimmt sowieso keiner ernst.« »Immer hacken alle auf mir rum.« »Immer bleibt alles an mir hängen.« »Ich habe einfach nie Glück.« »Ich muss mir alles hart erarbeiten.« »Schuster, bleib bei deinen Leisten.« »Hochmut kommt vor dem Fall.« – Ich könnte endlos so weitermachen, denn die Zahl solcher Glaubenssätze ist unendlich. Meist sind es kurze Formeln mit absolutem Wahrheitsanspruch. Manchmal werden sie in der Familie seit Generationen heruntergebetet und quasi vererbt. Bei anderen werden einzelne Erlebnisse verallgemeinert. Dabei spricht es nicht automatisch für zwei linke Hände, dass der Aufbau einer IKEA-Küche vor

15 Jahren in einem Blutbad oder einer Scheidung endete. Und nur, weil man sich mit 13 im Urlaub mal das Bein gebrochen hat, muss man nicht zwangsläufig im Leben nur Pech haben.

Welche Glaubenssätze werden in deiner Familie gepflegt? Was denkst du sehr häufig über dich selbst und dein Leben? Glaub nicht alles, was du denkst – besonders wenn die Worte »immer«, »nie«, »keiner« oder »alle(s)« dabei vorkommen. Mit solchen Überzeugungen machst du es dem Leben fast unmöglich, dir das Gegenteil zu beweisen. Sie prägen deine Erwartungen, deine Wahrnehmung und auch dein Verhalten. Wenn du meinst, dass du »immer die Scheißtypen abbekommst«, könnte George Clooney dir rote Rosen schicken und du würdest an eine Verwechslung glauben, auch beim dritten Rosenstrauß noch.

Umgekehrt wird dir viel mehr glücken, wenn du mit Erfolgszuversicht an eine Sache herangehst. Ein Misserfolg zwischendurch ist dann nicht das Ende der Welt, sondern eine Lernerfahrung, die dir zeigt, wie es beim nächsten Mal besser geht. Ich kenne niemanden, der keine Misserfolge hat. Sieger und Verlierer unterscheiden sich im Wesentlichen darin, wie sie mit Misserfolgen umgehen. Ein Hollywood-Agent notierte nach einem Probeauftritt von Fred Astaire auf einer Karteikarte: »Kann nicht singen. Kann nicht spielen. Neigt zur Glatze. Kann ein bisschen tanzen.« Was für ein Glück für die Welt, dass Astaire selbst das alles nicht wusste und einfach weitertanzte. Er wurde ein Star und ging als »leichtfüßigster Tänzer der Welt« in die Geschichte ein.[25]

ES WIRD
MIT DIR
GEMACHT,
WAS DU MIT
DIR MACHEN
LÄSST

Kennst du das Phantom der Opfer? Nein, kein Druckfehler, nichts für ungut, Sir Lloyd Webber. Wenn uns das Phantom der *Opfer* erwischt, denken wir Dinge wie …

»Wenn ich vernünftige Lehrer gehabt hätte, hätte ich das Abi locker geschafft.«

»Wenn ich einen Kopf größer wäre, würden mir die Frauen nachlaufen.«

»Wenn es nicht so viel geregnet hätte, wäre der Urlaub nicht im Streit geendet.«

»Wenn bei uns zu Hause nicht so fett gekocht würde, hätte ich kein Übergewicht.«

Du erkennst das Prinzip. Schuld sind immer die anderen – Partner oder Partnerin, Eltern, Lehrer, notfalls das Wetter, die Umstände oder die Gesellschaft. Das Lustigste und zugleich Traurigste, was ich in diesem Zusammenhang mal gelesen habe, war die Schlagzeile »Frau Merkel, besorgen Sie mir eine Frau, und ich wähle nicht mehr AfD.« Hintergrund war die Abwanderung junger Frauen im Osten. Da fällt mir gleich ein, bei einem Freund im Viertel nehmen die Graffiti massiv zu. Frau Ex-Bundeskanzlerin, Sie haben doch jetzt Zeit. Wenn Sie da mal persönlich mit dem Farbeimer vorbeikommen könnten, würde ich das auch positiv vermerken.

Die Opferhaltung ist die bequemste Haltung der Welt. »Die anderen sind schuld. Ich kann nichts machen. Und was die anderen machen, kann ich eh nicht beeinflussen.« Also bleibt alles, wie es ist. Wenn man genau hinsieht, ist der Schmollwinkel eine ziemlich gemütliche Ecke. Wäre das Gegenteil wahr und ich selbst hätte es in der Hand, müsste ich mich ja bewegen und den A … llerwertesten hochbekommen. Das ist die Kehrseite der Opferhaltung: Wem du die Schuld gibst, gibst du die Macht. Und das ist zugleich eine schlechte Nachricht für alle, die sich nicht selbstverwirklichen können, weil der Ehepartner oder die -partnerin sie nicht lässt. Für alle, die keine Karriere gemacht haben, weil sie sich für die Kinder »aufopferten«. Für alle, die BWL studieren und die Firma übernehmen mussten, statt Koch zu werden oder Musiker, weil die Familie das so wollte. Und auch für alle, die ihr wackeliges Selbstbewusstsein damit begründen, dass ihre Eltern sie bis heute schikanieren. Nochmal: Wem du die Schuld gibst, gibst du die Macht.

Die eigentlich interessante Frage ist nicht, warum deine Familie dich beispielsweise in einen ungeliebten Job gepresst hat. Die wirklich interessante Frage lautet: Was tue ich dazu, dass die anderen das mit mir machen können? Und daran anschließend: Wie kann ICH das ändern? Denn bekanntermaßen gibt es nur einen Menschen auf der Welt, den du zuverlässig ändern kannst: dich selbst. Und wenn du dich änderst, ändert sich alles. Du könntest dir zum Beispiel einen anderen Job suchen, deinen beruflichen Traum verfolgen und doch noch Musiker, Archäologe oder Koch werden. Und wenn dir dafür die Qualifikation fehlt, hol sie halt nach. Und solltest du jetzt meinen, dafür sei es »zu spät«, blättere bitte zurück zu Kapitel 71 »Wann war der beste Zeitpunkt …?«. Stichwort: Pommesbude.

PS: Es gibt eine Geschichte von den Tieren des Waldes und der Todesliste, die ich sehr mag (auch wenn sie der Gattung Bär schwer unrecht tut):

Im Wald geht das Gerücht, der Bär habe eine Todesliste. Alle Tiere sind in Angst. Also geht der Hirsch los und fragt den Bären: »Bär, stimmt es, dass du eine Todesliste hast?« »Ja«, brummt der Bär. »Stehe ich da drauf?« Der Bär schaut nach: »Ja.« Am nächsten Tag ist der Hirsch tot. Als Nächstes fasst sich das Wildschwein ein Herz: »Bär, stehe ich auch auf deiner Liste?« Der Bär bejaht das, und das Schwein überlebt den nächsten Tag nicht. Jetzt traut sich kein Tier mehr zum Bären, bis auf den Hasen: »Stehe ich auf deiner Liste?« – »Ja.« »Äh«, sagt der Hase, »könntest du mich vielleicht von deiner Liste streichen?« Und der Bär entgegnet, »Ja klar, kein Problem.«

Wie gesagt: »Es wird mit dir gemacht, was du mit dir machen lässt!«

Life happens
for you,
NOT TO YOU

Die wörtliche Übersetzung dieser Redensart lautet: »Das Leben passiert *für* dich, es passiert dir nicht.« Anders gesagt: Alles in deinem Leben geschieht zu deinem Besten.

»Wirklich alles?«

»Ja, alles!«

»Auch, wenn ich schwer krank werde? Oder wenn mein Partner stirbt?«

»Auch das.«

Diese Aussage ist für viele Menschen erst einmal ein Schock. Was soll gut daran sein, wenn ich einen schweren Schicksalsschlag erleide? Worum es in Wahrheit geht, ist, dass du selbst nach solchen Schicksalsschlägen nur zwei Möglichkeiten hast: Entweder du sagst dir: »Für irgendwas wird es schon gut sein, auch wenn ich mir das jetzt noch nicht vorstellen kann.« Und fängst sofort an, danach zu suchen, was es sein könnte. Oder du kommst aus der Spirale des Leidens nicht mehr heraus. Überlebende des Tsunamis 2004, der durch ein unterseeisches Beben im Indischen Ozean ausgelöst wurde, reagierten genau so: Manche hatten das Gefühl, ihr Leben sei ihnen ein zweites Mal geschenkt worden, und waren dankbar dafür. Andere kämpften dauerhaft mit schweren Depressionen und kamen aus diesem Loch kaum mehr heraus. Für sie war alles sinnlos geworden, seit ihnen bewusst war, wie schnell das Leben vorbei sein kann.

»Life happens for you, not to you« beschreibt eine zuversichtliche Lebenshaltung – das Vertrauen, dass auch eine schlimme oder schlechte Erfahrung nicht das Ende der Welt sein wird. Und sehr häufig geht es dabei ja nicht um Leben oder Tod, sondern um »Alltagskatastrophen«, die uns entmutigen: der Verlust des Arbeitsplatzes, eine Trennung, eine Insolvenz oder auch nur der Verlust eines wichtigen Kunden. In all diesen Fällen hast du zwei Möglichkeiten: Du kannst mit deinem Schicksal hadern und aufgeben. Oder du kannst darauf vertrauen, dass auch dieser Schmerz vorbeigehen wird und du gestärkt aus dieser Erfahrung hervorgehst. Vielleicht wirst du sogar irgendwann sagen: »Wie gut, dass mir das passiert ist!« Nicht morgen oder übermorgen, vielleicht erst nach Monaten oder sogar Jahren. Hätte ich meinen ersten bezahlten Job beim Radio nicht nach kurzer Zeit wieder verloren, wäre ich womöglich niemals zu Antenne Bayern gekommen und wäre dort nicht als Nullinger berühmt geworden. Hätte ich nicht vor vielen Jahren mit Pennystocks (Aktien zum Minipreis) finanziell Schiffbruch erlitten, wäre ich heute nicht Millionär. Denn diese Erfahrung war der Anlass, mich intensiv mit dem Thema Geld zu beschäftigen und hart für meine finanzielle Sicherheit zu arbeiten. Wer weiß also, wofür etwas gut ist? Wie meine kluge Mutter immer sagt: »Kein Nachteil ohne Vorteil.«

Dieser letzte Satz der F.A.B.E.L.-Strategie ist mir deswegen besonders wichtig, weil du mit deiner Haltung letztlich dein Leben bestimmst. Wenn du darauf vertraust, dass sich am Ende alles fügen wird, bleibst du handlungsfähig. Du machst unverdrossen weiter, gehst neue Wege und nimmst dein Schicksal in die Hand. Und irgendwann auf diesem Weg blickst du dich um und stellst fest, dass alles doch irgendwie einen Sinn gemacht hat. Ohne manchen Umweg wärst du nicht da, wo du heute bist. Was sinnlos wirkte, war im Nachhinein eine wichtige Lernerfahrung. »Connecting the dots«, das Verbinden einzelner Punkte in der Rückschau, hat Steve Jobs das mal genannt.[26] Und wer würde dem widersprechen?

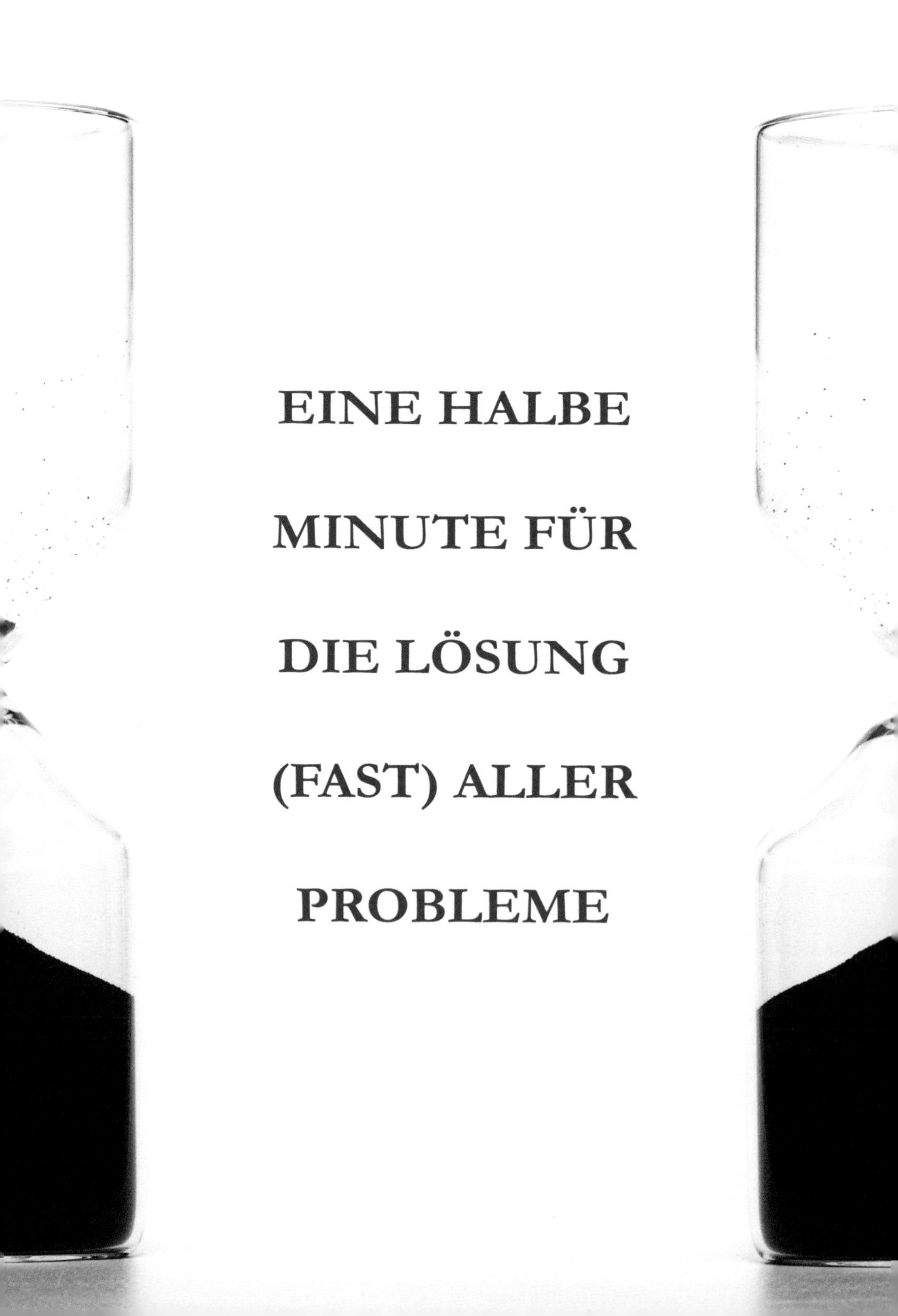
EINE HALBE
MINUTE FÜR
DIE LÖSUNG
(FAST) ALLER
PROBLEME

# ERINNERST DU DICH NOCH, ...

... wie du mit zwölf am Boden zerstört warst, weil deine Lieblingskassette mit Kabelsalat den Geist aufgegeben hatte? (Okay, wenn du etwas jünger bist, kannst du dir auch vorstellen, jemand hat alle deine Pokémon-Karten geschreddert oder eines deiner TikTok-Videos mit 1,4 Millionen Views wurde gelöscht.)

... wie du mit 17 gedacht hast, diesen Liebeskummer überlebst du nicht?

... wie du mit 24 überzeugt warst, dass du eben gerade die Stelle deines Lebens nicht bekommen hast?

... wie du ___________________________________________ (Setz hier eine persönliche Erfahrung ein, die dich ziemlich durchgerüttelt hat.)

Heute kannst du in vielen Fällen darüber lächeln. Damals war es dramatisch. Mach dir das zunutze, wenn du heute eine dramatische Erfahrung machst. Frag dich:

- Was für eine Rolle wird dieses Ereignis in einer Woche noch spielen?
- Was in einem Monat?
- Was in einem Jahr?
- Und was für eine Rolle wird das Ganze in sieben Jahren noch spielen?

Möglicherweise schleicht sich da gerade ein kleines Lächeln in dein Gesicht. Diese simple 30-Sekunden-Übung ist die beste Anti-Drama-Therapie, die ich kenne. Wirkt fast immer, und zwar in kürzester Zeit.

# AUSBLICK

## NIMM DEIN LEBEN IN DIE HAND!

Niemand ist perfekt. Der Papst nicht, Herr Nullinger nicht und nicht einmal ich 😉. Kaum zu glauben, aber wahr. Es gibt Momente, da vergesse ich meine eigenen Erfolgssätze. Das war so, als mich vor Kurzem Corona umhaute, trotz aller Vorsichtsmaßnahmen und trotz Dreifach-Impfung. Zwar ein »milder Verlauf«, also kein Vergleich zu den armen Menschen, die auf einer Intensivstation landen, aber trotzdem heftig. »Life happens for you«? Mein heftig schmerzender Kopf verweigerte diesen Gedanken. Ich glaube, das ist menschlich, erst recht, wenn man bedenkt, dass unter Männern schon ein kleiner Schnupfen als ernsthafte Erkrankung gilt.

Was ich sagen will: Es kommt nicht darauf an, dass du jede Minute deines Lebens mit einem seligen Grinsen durch die Landschaft läufst. Wir sind hier nicht in einer Sekte. Worauf es ankommt ist: recht schnell wieder die Kurve zu kriegen, wenn du mutlos, genervt oder pessimistisch bist. Durchhänger sind normal. Sie sollten nur nicht zur Gewohnheit werden, denn dann vermiest du dir dein Leben.

Ich könnte jetzt den beliebten Kalenderspruch bringen, dass du dein Gesicht nur der Sonne zuwenden musst, um die Schatten hinter dir zu lassen. Ich lass es lieber sein, sonst muss ich demnächst beim »Wort zum Sonntag« mitmachen. Außerdem helfen meine Leitsätze definitiv auch bei Regenwetter. Und wenn dieses Buch für mehr Sonne in deinem Leben sorgt, hat es seinen Zweck erfüllt. Also: Pack ma's!

# BONUS

## DIE ELF WICHTIGSTEN GELDGESETZE

Natürlich kann ich dich nicht aus diesem Buch entlassen, ohne dir noch eine Botschaft zu meinem Herzensanliegen – finanzieller Freiheit – mit auf den Weg zu geben. Die zehn Geldgesetze und die abschließende Reichtumsformel als elftes Gesetz bilden die Essenz meiner Erfahrung mit Geld. Sie haben mich reich gemacht. Sollte dich das nicht interessieren, blättere einfach weiter (auch wenn ich persönlich es für einen Fehler halte, sich nicht für Geldfragen zu interessieren). Und wenn dich meine Geldgesetze neugierig auf mehr machen, lies einfach mein Buch *Geld allein ist auch eine Lösung*.

#1. Wenn wir uns ändern, ändert sich alles. Auch unser Vermögen.

#2. Jeder kann vermögend werden, wenn er selbst die volle Verantwortung für seine Finanzen übernimmt.

#3. Beachte den Unterschied zwischen Ausgabe und Investition und wende ihn auf alle Lebensbereiche an.

#4. Definiere klare finanzielle Ziele und frage dich immer: »Bringt mich das, was ich gerade mache, meinem Ziel näher?«

#5. Lebe nach der Devise: Immer sparen, immer spenden, immer investieren. So lebst du in der Fülle und ziehst Geld in dein Leben.

#6. Achte darauf, dass deine Einnahmen immer höher sind als deine Ausgaben. Vermeide Konsumschulden und teure Statussymbole.

#7. Denke langfristig, meide kurzfristige Kauf-Lustbefriedigung. Der Zinseszinseffekt ist dein Freund.

#8. Löse limitierende Glaubenssätze zum Thema Geld auf, wenn du welche hast: Geld ist gut, und jeder kann reich werden.

#9. Reichtum ist ansteckend. Achte auf dein Umfeld und umgib dich mit Menschen, von denen du lernen kannst.

#10. Dein Einkommen ist immer so groß wie dein Engagement, deine Hartnäckigkeit und dein Selbstvertrauen.

#11. Und für alle, die es gern noch kürzer hätten, kommt hier die ultimative Reichtumsformel:
(1) Weg von Ausgaben und hin zu Investitionen.
(2) Weg vom Mangeldenken und hin zur Fülle.
(3) Weg vom kurzfristigen und hin zum langfristigen Denken.
(4) Weg vom Egodenken »Was brauche ich?« und hin zu dem Grundgedanken »Was brauchen die anderen von mir?«.

# ÜBER MIKE

Man kann im Leben alles werden – sogar wenn man in Ruhstorf a. d. Rott im tief katholischen und politisch dunkelschwarzen Niederbayern aufwächst, als ungetauftes doppeltes Lehrerkind in einer Familie von Grünwählern (lange bevor Grün das neue Schwarz wurde). Der lebende Beweis ist Mike Hager: Vollblut-Bayer, Unternehmer, Investor, Bestsellerautor, Geld-Mentor und im ersten Leben das Hirn hinter der bayerischen Radio-Erfolgsshow »Die Nullingers – eine schrecklich fette Familie« von Antenne Bayern. Ein Mann, der kein Blatt vor den Mund nimmt und auf ganz besondere Weise sein Leben meistert. Sein Credo: Du bist der Chef in deinem Leben!

Mit Entschlossenheit, hartnäckiger Disziplin und alltagstauglichen Strategien schaffte Mike es, den mit 27 Jahren durch eine Börsenspekulation und eine Steuernachzahlung angehäuften fünfstelligen Schuldenberg abzutragen und finanzielle Unabhängigkeit zu gewinnen. Nur sieben Jahre später war er Millionär. Seine Mission seither: anderen zu zeigen, wie auch sie finanzielle Freiheit erreichen können. Inzwischen gilt Mike außerdem als »NFT-Papst« im deutschsprachigen Raum. Er genießt international hohes Ansehen in der NFT-Szene, die auf Non-Fungible Tokens als zukunftsweisende Anlageform setzt. Seine Erfahrung gibt Mike in gefragten Mentorings weiter, außerdem in Onlinekursen und Büchern – zuletzt in seinen SPIEGEL-Bestsellern *Geld allein ist auch eine Lösung* (2021) und *Reich mit NFTs* (2022).

# MIKE HAGER IM NETZ

Mikes Homepage: https://buch.mikehager.de/homepage

Mikes YouTube-Kanal: https://buch.mikehager.de/youtube

Mikes Facebook-Gruppe »Hack your Life«: https://buch.mikehager.de/facebookgruppe

Instagram: https://buch.mikehager.de/instagram

LinkedIn: https://buch.mikehager.de/linkedin

Twitter: https://buch.mikehager.de/twitter

TikTok: https://buch.mikehager.de/tiktok

# BÜCHER, HÖRBÜCHER UND ONLINE-KURSE VON MIKE HAGER:

SPIEGEL-Bestseller »Geld allein ist auch eine Lösung«: https://buch.mikehager.de/geld-allein

SPIEGEL-Bestseller »Reich mit NFTs«: https://buch.mikehager.de/nft-buch

»Reich mit NFTs« als Hörbuch: https://buch.mikehager.de/nft-hoerbuch

Mikes Money Member (Online-Kurse): https://buch.mikehager.de/money-member

Future of Finance – Ultimate NFT Edition (Online-Kurse): https://buch.mikehager.de/ultimate-nft-edition

Fabelplaner kostenfrei: https://buch.mikehager.de/fabelplaner-kostenfrei

Aktuelle kostenfreie Angebote von Mike (Workshops/Webinare/Q&As): https://buch.mikehager.de/aktuelle-angebote

Mikes NFT-Mentoring: https://buch.mikehager.de/nft-mentoring

# LUST, WEITERZULESEN?

NFTs (Non-Fungible Tokens), digitale Unikate, die auf der Blockchain im Netz gespeichert werden, stellen gerade nicht nur die Kunstwelt auf den Kopf: Erstmals können so digitale, im Netz verfügbare Inhalte (Bilder, Videos, Musik, Sammlerstücke und vieles mehr) eindeutig einem Besitzer zugeordnet werden. Seitdem gehen die Preise für digitale Werke durch die Decke.

Anfang 2021 ist Mike Hager in die Welt der NFTs eingetaucht. Ein halbes Jahr später war seine Sammlung digitaler Werke (seine Wallet) über 4 Millionen Euro wert, bei einem Investment von insgesamt um die 300.000 Euro. Dazwischen liegen rund 2.000 Stunden eigene intensive Recherche, die in dieses Buch eingeflossen sind. Es wird dein Wegweiser durch die NFT-Welt sein.

Aus dem Inhalt:

- Grundbegriffe von Blockchain bis Wallet, Verkaufsplattformen und Kryptobörsen
- Überblick über die derzeitigen Einsatzmöglichkeiten der NFTs, mit vielen Beispielen
- Die Geheimsprache der NFT-Communities
- Die wichtigsten Twitter-Accounts, Experten und Künstler
- Eine praktische Anleitung für den Einstieg in die Welt der NFT

Erhältlich überall, wo es Bücher gibt.

# ANMERKUNGEN

1 Mike Hager, *Geld allein ist auch eine Lösung. Erstaunlich einfache Wahrheiten über Wohlstand und Reichtum.* München: Ariston 2021.

2 Das ist – wie alle Beispiele in diesem Buch – wirklich passiert! 💣 Vorsichtshalber hier eine kleine Liste von Geschenken, über die Frauen sich eher weniger freuen: Haushaltsgeräte, elektrische Zahnbürsten, fantasielose Gutscheine, Küchenschürzen, neue Hausschuhe, Kochbücher … Andererseits: Wenn man die Erwartungen kennt, kann man mit den ungewöhnlichsten Gaben Begeisterung auslösen. Ein Bekannter hat mal eine Schubkarre Pferdemist verschenkt, an eine eingefleischte Hobbygärtnerin mit großer Tomatenzucht. Ihre Erwartung (»Was für den Garten«) wurde damit virtuos übererfüllt …

3 Von wem das Zitat wirklich stammt, weiß keiner so genau; vgl. https://falschzitate.blogspot.com/2018/08/erfolg-hat-3-buchstaben-tun-johann.html?m=0

4 Diese Übung findest du auch in meinem F.A.B.E.L.® Planer, den du hier bekommst: https://fabelplaner.com

5 Quelle: https://www.bloomberg.com/billionaires/ (abgerufen am 25.04.2022).

6 Für Neugierige: Auf www.mrgoodlife.net/de/homes-de/das-bescheidene-zuhause-von-milliardar-warren-buffett/ gibt's ein Video dazu.

7 Quelle: www.manager-magazin.de/finanzen/artikel/warren-buffett-10-weisheiten-ueber-leben-und-erfolg-a-1056799.html

8 Details unter www.hamburg.de/kultur/1525822/beatles-in-hamburg-geschichte/

9 www.youtube.com/watch?v=iLQC3yLEFGk

10 Vgl. https://www.123pilzsuche.de/daten/details/Pilzvergiftung34.htm

11 Vgl. https://www.welt.de/gesundheit/article148518367/Hier-leben-die-unsportlichsten-Europaeer.html (Die Zahlen beziehen sich auf 2015, aber von einem Riesen-Fitnessboom seitdem habe ich nichts mitbekommen …)

12 https://www.youtube.com/watch?v=dbplxQeTEDM

13 Quelle: Wolfgang Kappler, »Mit Wasser Kalorien verbrennen«, in: Pharmazeutische Zeitung 22/2004, im Internet unter www.pharmazeutische-zeitung.de

14 Gilt selbstverständlich auch für Herr*innen und andere. Hier musste die Political Correctness leider dem Sprachrhythmus weichen.

15 Vgl. z. B. www.scinexx.de/dossierartikel/armutskrankheiten-in-deutschland/

16 … obwohl, »Weitflog« wär ja noch schöner gewesen, wenn du mich fragst.

17 Vgl. www.spiegel.de/wissenschaft/natur/historisches-manuskript-der-apfel-des-isaac-newton-a-672494.html

18 Quelle: www.faz.net/aktuell/finanzen/meine-finanzen/dz-bank-privates-geldvermoegen-der-deutschen-auf-rekordhoch-16560623.html

19 Quelle: www.vermoegenmagazin.de/vermoegen-der-familie-rockefeller/

20 Falls du dieses Tier noch nicht kennst: Das ist eine wunderschöne und sehr seltene Raubkatze auf Borneo, der Heimat der Orang-Utans.

21 Dunn, E. W., Gilbert, D. T., & Wilson, T. D. (2011). If money doesn't make you happy, then you probably aren't spending it right. Journal of Consumer Psychology, 21, 115-125.

22 Falls du neugierig bist: Hier findest du die Fotos www.cnbc.com/2018/01/23/jeff-bezos-first-desk-at-amazon-was-made-of-a-wooden-door.html?__source=twitter%7Cmain und www.mimikama.at/aktuelles/kein-fake-der-amazon-gruender-in-seinem-alten-buero/

23 Quelle: »Wo haben Sie Ihren Partner kennengelernt?« https://de.statista.com (2018)

24 Vgl. https://groenert.ch/harvard-studie/

25 Quelle: https://www.deutschlandfunkkultur.de/der-leichtfuessigste-taenzer-der-filmgeschichte.932.de.html?dram:article_id=209150

26 In seiner berühmten Rede in Stanford, in deutscher Übersetzung unter www.mac-history.de/apple-people/steve-jobs/2021-04-01/ubersetzung-der-rede-von-steve-jobs-vor-den-absolventen-der-stanford-universitat-2005

# BILDNACHWEISE

Seite 70: Claudia Hautumm / pixelio.de; Seite 73: Timo Klostermeier / pixelio.de; Seite 76: Jürgen Nießen / pixelio.de; Seite 79: sokaeiko / pixelio.de; Seite 82: Lupo / pixelio.de; Seite 85: Sigrid Roßmann / pixelio.de; Seite 91: Hannana / pixelio.de; Seite 94: Rainer Sturm / pixelio.de; Seite 97: Verena N. / pixelio.de; Seite 100: Versonnen / pixelio.de; Seite 103: Rainer Sturm / pixelio.de; Seite 176: RainerSturm / pixelio.de; Seite 179: gänseblümchen / pixelio.de; Seite 182: Bianca Geisler / pixelio.de; Seite 185: B.Stolze / pixelio.de; Seite 188: A.Rausch / pixelio.de; Seite 191: Dette / pixelio.de; Seite 197: wilhei / pixelio.de; Seite 200: Heidi Apel / pixelio.de; Seite 203: sunnytiffy / pixelio.de; Seite 206: Janina Scholz / pixelio.de; Seite 209: Wilhelmine Wulff / pixelio.de; Seite 212: Sabine Ullmann / pixelio.de; Seite 217: Andreas Hermsdorf / pixelio.de; Seite 220: Rosel Eckstein / pixelio.de; Seite 223: Stephanie Hofschlaeger / pixelio.de; Seite 226: Susanne Richter / pixelio.de; Seite 229: Jetti Kuhlemann / pixelio.de; Seite 234: Rike / pixelio.de; Seite 237: Doris Collier / pixelio.de; Seite 240: Rike / pixelio.de; Seite 243: Doris Collier / pixelio.de; Seite 246: chocolat01 / pixelio.de; Seite 249: Florentine / pixelio.de; Seite 252: Florentine / pixelio.de; Seite 257: Hermann Eberhardt / pixelio.de; Seite 260: Thomas Riess / pixelio.de; Seite 263: M. Hermsdorf / pixelio.de; Seite 266: David Fischer / pixelio.de; Seite 269: Andrea Damm / pixelio.de; Bilder auf den Seiten 11, 14, 17, 20, 23, 28, 31, 34, 37, 41, 44, 49, 53, 56, 59, 62, 65, 108, 111, 114, 117, 120, 125, 128, 131, 134, 137, 142, 145, 148, 151, 154, 159, 162, 165, 168, 171, 272: Alexander Volkmer

# PLATZ FÜR DEINE NOTIZEN